홈빌더 부부 시리즈

스트레스 잘 다루는 부부

데니스 레이니 & 로버트 루이스 공저

홈빌더 부부 시리즈_ 스트레스 잘 다루는 부부

2016년 2월 19일 초판 발행
2020년 2월 1일 2쇄 발행

지 은 이 데니스 레이니, 로버트 루이스
발 행 인 김윤희
발 행 처 순출판사
감   수 CCC Family Life
디 자 인 (주)아이엠크리에이티브컴퍼니
일러스트 (주)아이엠크리에이티브컴퍼니
주   소 서울시 종로구 백석동 1가길 2-8
전   화 02)722-6931~2 팩 스 02)722-6933
인 터 넷 http://www.kccc.org
등록번호 제 1-2464 호
등록년월일 1993.3.15.

값 5,000원
ISBN 978-89-389-0306-8

본서의 판권은 순출판사에 있습니다. 무단 전재 및 복제를 금합니다.
책 내용과 관련된 문의는 한국대학생선교회_CCC Family Life (02-397-6385)으로 문의 바랍니다.

Originally published in the USA
By FamilyLife Publishing®, Under the Title
Homebuilders Couples Series®: The Art of Marriage® Connect / Managing Pressure in your marriage
Copyright © 2014 By Dennis and Barbara Rainey
FamilyLife® is a ministry of Campus Crusade for Christ

여호와께서 집을 세우지 아니하시면 세우는 자의 수고가 헛되며
여호와께서 성을 지키지 아니하시면 파수꾼의 깨어있음이 헛되도다

시편 127:1

초대의 글

'홈빌더 부부 시리즈'에 여러분을 초대합니다.

잠언에 "마른 빵 한 조각을 먹으며 화목하게 지내는 것이, 진수성찬을 가득히 차린 집에서 다투며 사는 것보다 낫다"는 말씀이 있습니다. 그래서 어떤 이는 행복한 가정은 미리 누리는 천국이라고까지 말하기도 했습니다(R. Browning). 뒤집어 말하면 행복하지 않은 가정은 천국의 반대요, 행복의 반대요, 화목의 반대를 경험하는 것이 되고 맙니다. 세상의 많은 일은 우리의 뜻대로 되지 않을 수 있습니다. 그러나 그와는 달리 가정만큼은 부부에게 화목하고 행복한 천국으로 만들어 나갈 수 있는 특권과 권한이 주어져 있습니다. 그런데 불행하게도 많은 가정이 그것을 누리지 못하고 있습니다.

그에 대한 간단한 이유 중 하나는 훈련을 받지 못했기 때문입니다. 사실 어떻게 대화하는지, 어떻게 경제적인 이슈를 다루어야 하는지, 어떻게 갈등을 해결해야 하는지, 어떻게 서로 동행하는지 등의 교육은 어디에서도 시켜주지 않습니다. 그렇다고 대부분의 경우 좋은 모델을 보고 자란 것도 아닙니다. 그러다 보니 가장 행복해야 할 가정이 갈등의 온상이 되는 경우가 왕왕 있게 되는 것입니다.

물론 시편 기자가 말하고 있듯 하나님께서 집을 세우지 아니하시면 세우는 자의 수고가 헛됩니다(시 127:1). 모든 것이 하나님의 주권 하에 있다는 데에는 가정도 예외가 될 수 없습니다. 분명한 것은 인간을 위한 하나님의 최초의 축복이 가정이며, 하나님께서는 현대인들의 깨지고 지친 가정을 회복하기를 원하실 뿐 아니라 이전보다 더 멋진 가정으로 만들기를 바라신다는 것입니다.

하나님께서 이루고자 하는 행복한 가정을 세워가는 원리를 담고 있는 '홈빌더 부부 시리즈'에 여러분 모두를 초대합니다. 이 시리즈는 미국 Family Life에서 다년간 많은 가정을 일으켜 세운 훌륭한 교재입니다. 모든 부부가 공통적으로 가진 문제들을 함께 나누며 여러분의 가정을 멋지게 세워가기를 소원합니다. 또한 자신의 가정뿐 아니라 다른 가정들도 함께 세워가기를 축복합니다. "Come and help change all the families in the world!"

CCC 대표 박성민

'홈빌더 부부 시리즈'를 사용하는 분들께

부부는 서로 기쁨을 주고받는 대상이지 견뎌야 할 대상은 아닙니다. 남자와 여자 두 사람이 만나 서로 열정적으로 헌신하고 이해하며 은혜로 사랑하는 활기찬 관계가 바로 부부입니다. 하나님은 남편과 아내 사이가 사랑으로 견고해지기를 열망하십니다. 그래서 하나님은 그런 부부의 모습을 통해 교회를 향한 그리스도의 사랑이 얼마나 크고 깊은지를 보여주기도 하십니다(에베소서 5:25-33).

여러분은 어떤가요? 하나님이 원하시는 모습 그대로 사랑하는 부부인가요?

사람들은 시간이 흐르면서 서로 멀어져가고 관계가 소원해지기도 합니다. 부부관계 역시 마찬가지입니다. 하지만 그것은 서로의 관계를 잘 가꾸고 다듬지 않았을 때의 일입니다. 우리의 선택에 따라 무미건조한 부부 사이가 되지 않을 수 있습니다. 이것을 위해 부부간에는 더 많은 관심이 필요한 것인지도 모르겠습니다.

바로 그 관심이 이 '홈빌더 부부 시리즈'를 기획하게 된 목적입니다. 우리는 부부가 서로의 필요와 욕구를 어떻게 관심을 갖고 돌아볼 수 있는지 그 방법을 제공하려고 합니다. 하나님은 성경을 통해 사랑으로 견고하게 맺어진 부부의 모습을 보여주셨습니다. 이 교재는 그런 성경의 내용에 기초해서 부부들을 위한 소그룹 학습용으로 만들어졌습니다. 하나님의 계획은 남자와 여자가 서로 만족하는 관계가 되도록 함께 성장하고, 그리스도의 사랑으로 서로에게 다가가도록 하는 것이었습니다.

Homebuilders

만일 부부관계에서 이런 하나님의 계획을 무시한다면 지독한 소외감을 느끼게 되거나, 많은 경우에서처럼 더 방치하면 부부의 관계가 깨어질 수도 있습니다.
당신의 부부관계가 어떤 상태에 있는지, 완전한 변화가 필요한지 그저 약간의 도움만 필요한지 모르겠지만, 당신 부부를 향한 하나님의 계획이 어떤 것인지 알아볼 수 있기를 원합니다. 성경이 쓰인 지 2000년이 지났지만 여전히 성경은 부부관계에서 남편과 아내가 넘어야 할 갈등과 도전에 대해 분명하고 힘 있게 말하고 있습니다.

꼭 소그룹에 소속해야 하나요? 우리 부부만 공부하면 안 될까요?

물론 이 교재는 부부 두 사람만 공부해도 가능합니다. 그러나 그렇게 되면 다른 사람의 경험에서 배울 수 있는 교훈과 그룹원들과 연결될 기회를 놓치게 됩니다. 이 교재에 있는 질문들에서 여러분은 자신의 배우자에게 더 가까이 다가갈 수 있도록 도움을 받을 수 있으며, 또한 그 질문들은 함께 공부하는 부부들과 따뜻한 교제를 나눌 환경과 서로의 마음을 열 수 있는 계기를 만들어줄 것입니다.

홈빌더 그룹 리더에게 필요한 자질은 무엇인가요?

그룹 리더가 되는 것은 생각보다 훨씬 쉽습니다. 왜냐하면 리더는 참가자들이 토론하도록 이끄는 진행도우미의 역할만 하면 되기 때문입니다. 리더는 교재를 가르치는 것이 아니라 참석한 부부들이 성경의 진리를 발견하고 적용하도록 도울 뿐입니다. 특별히 홈빌더 그룹이 역동적인 이유는 서로에게서 배우는 부부들의 상호작용 때문입니다.

홈빌더 리더들을 위해 필요한 정보와 안내는 'cccfamilylife.org/순장가이드'에서 찾을 수 있습니다.

대체적인 일정은 어떻게 이루어지나요?

'홈빌더 부부 시리즈'의 대부분은 6주에서 8주 정도로 구성되어 있으며, 각 권의 안내서에 있는 과의 수에 따라 다릅니다. 각 과를 진행하는 데는 90분 정도가 소요될 것이며, 중간에 부부가 공동으로 해나갈 과제가 있습니다.

Homebuilders

소그룹 모임에서 자기 부부생활에 대해 이야기하는 것은 위험하지 않을까요?

소그룹이라는 환경은 즐겁고도 정보를 얻을 수 있는 자리여야 하며, 당연히 위협적이지 않아야 합니다. 기본 규칙 4가지를 잘 지킨다면 소그룹 모임에서 모든 그룹원들이 편안함을 느끼고 많은 것을 얻을 것입니다.

1. 배우자를 당황하게 할 이야기는 피하십시오.
2. 답하고 싶지 않은 질문에 대해서는 그냥 넘어가도 됩니다.
3. 홈빌더 과제를 부부가 함께 완성하십시오.
4. 모임에서 나눈 이야기는 비밀을 유지하십시오.

Author Introduction

저자(Authors)

데니스 레이니(Dennis Rainey)는 FamilyLife(CCC의 한 사역)의 공동 창립자이자 사장이며, 달라스 신학교를 졸업했다. 35년 이상 그는 부부와 가족의 문제에 관한 강연을 하고 글을 써왔다. 1976년부터 그는 잘 알려진 '기억될 주말을 위한 여행지'를 포함하여, FamilyLife의 다양한 전도 자료의 개발을 총지휘하고 있다. 또 전국적으로 방송되는 라디오 프로그램인 FamilyLife Today®의 진행자이기도 하다. 그와 그의 아내 바바라는 슬하에 6명의 자녀와 17명의 손자 손녀들을 두었다.

로버트 루이스(Robert Lewis)는 '남성클럽(Men's Fraternity)'의 창립자이다. 잘 알려진 '남성클럽 시리즈'인 진정한 남성성을 찾아서(Quest for Authentic Manhood)와 직장과 가정에서 승리하는 남자(Winning at Work and Home), 그리고 위대한 모험(The Great Adventure)을 포함한 다수의 책을 저술하고 영화를 만들었다. 또한 로버트는 '리더십 네트워크(Leadership Network)'의 이사회를 섬기고 있다. 1971년 결혼한 아내 쉐라드(Sherad)와 함께 아칸사스 주의 리틀락에서 살고 있으며, 4명의 자녀와 여러 손자를 두었다.

Contents

'홈빌더 부부 시리즈'를 사용하는 분들께 ·············· 06
'스트레스 잘 다루는 부부'에 대하여 ·············· 12

1과 의사결정이 주는 스트레스 ·············· 14
2과 물질주의가 주는 스트레스 ·············· 28
3과 피로가 주는 스트레스 ·············· 44
4과 인생의 단계가 주는 스트레스 ·············· 58
5과 성생활의 부족함이 주는 스트레스 ·············· 72
6과 도덕적 기준이 달라서 주는 스트레스 ·············· 92

이제 어떻게 할 것인가? ·············· 106
우리의 문제에 대한 하나님의 답변 ·············· 108

'스트레스 잘 다루는 부부'에 대하여

살면서 스트레스를 느끼지 않는 사람은 없습니다. 그 스트레스들 중 일부는 일상생활에서 오는 자연스러운 것들이지만, 어떤 것들은 계획을 세우지 않았거나, 선택을 잘못했거나, 가치관이 잘못되었거나, 갈등이 해결되지 않았거나, 자신의 삶 속에서 하나님과 멀어졌기 때문에 생긴 것들입니다.

우리는 세월이 흘러도 변치 않는 성경의 진리를 사용하여 부부들이 흔히 가진 문제 가운데 당신이 받는 스트레스를 줄이도록 돕고 싶습니다.

'스트레스 잘 다루는 부부'는 당신 부부가 의사결정을 하는 방법, 도덕적 경계에 대해 서로 합의하는 방법, 인생의 새 단계를 맞는 방법과 거기에 따라 새롭게 나타나는 문제들과 난관들을 풀어나가는 방법을 찾도록 도울 것입니다. 이 책 한 권으로 모든 답을 제공할 수는 없겠지만, 당신의 삶에 주어진 조건들로 인생의 항해를 해나갈 때에 소신을 가지고 해결책을 찾을 수 있게 지원할 것입니다.

앞으로 있을 나눔의 시간을 즐기십시오.
홈빌더 과제를 잘 해내십시오.
서로 대화를 하며 관계를 맺으십시오.
당신이 믿는 하나님의 말씀에 기초한 믿음을 이끌어 내십시오.
인생의 무거운 스트레스들을 꼭 배우자와 함께 풀어나가십시오.
그 결과는 반드시 그 노력 이상의 값을 지불해 줄 것입니다.

- 데니스와 바바라 레이니

1과
의사결정이 주는 스트레스

인생을 살아가면서 생기는 스트레스들을 해결 하는데 필수적인 것은 현명한 의사결정입니다.

💗 마음 열기

다음 질문 중 하나를 선택하여 나누어 주십시오.

- 결혼식이나 신혼여행 중에 있었던 에피소드나 특별히 기억나는 일이 있다면 어떤 것입니까?

- 지난 일 년을 되돌아보십시오. 그 기간 중에서 가장 기억에 남는 일들은 무엇이며, 그 이유는 무엇입니까?

 청사진

스트레스 사회에서 살아남기

1. 직장이나 가정에서 일상적인 한 주를 보내면서 당신이 가장 스트레스를 받게 되는 상황이나 책임들은 어떤 것입니까?

---

2. 당신은 보통 스트레스를 느낄 때 어떻게 반응하나요? 스트레스 상황에서 당신은 육체적으로나 감정적으로 어떤 영향을 받습니까?

_____

_____

사례 연구

민석과 지영 부부는 어린 시절을 함께 보냈던 고향 소도시의 삶에 만족한다. 민석은 보험회사의 지방 사무소를 맡아서 잘 운영 중이다. 연봉이 많지는 않지만 지방은 집값도 싸기 때문에 맞벌이를 하지 않아도 두 어린 자녀를 키울 수 있을 정도는 되었다.

그런데 어느 날 지역 관리자가 민석을 찾아 왔다. "내가 이번에 서울에 있는 본사로 발령을 받았네. 공석인 내 자리를 대신할 사람을 찾는데, 자네가 일 순위일세."

관리자가 뜻밖의 제안을 했다.

민석에게는 일생일대의 기회로 보였다. 제안 받은 직책은 연봉이 지금보다 상당히 높은데다가 출장의 기회도 주어질 것이었다. 유일한 단점이 있다면 지금 살고 있는 도시에서 상당히 떨어진 더 큰 도시로 이사를 해야 된다는 것이었다. 민석은 친구들과 친척들이 있는 고향이 그리울 것이라는 예상은 했지만 승진을 할 수 있다는 것에 들떠 있었다.

이때 지영의 반대에 부딪혔다.

"난 여기 생활에 만족해요. 가족들과 친구들을 떠나기 싫단 말이에요."

"그래도 여기에 계속 머무르다가는 이런 기회를 절대 잡을 수 없을 거에요."

민석은 아내를 설득하려 했다.

"그래야 더 넓은 집을 살 여유가 생길 거에요. 낡은 차도 팔고 신형 SUV로 바꿔요. 아이들도 커가니 새 차가 필요하잖아요"

결국 민석은 아내의 승낙을 얻어냈다. 3개월이 지나 그들은 새 집, 새로운 도시, 새 차를 얻게 되었다. 하지만 그들은 지금 전혀 예상하지 못했던 새로운 문제들을 만나고 있다.

우선 일이 문제였다. 생각했던 것 보다 그 직책에서는 훨씬 더 많은 출장을 다녀야했다. 민석은 매주 3,4일씩이나 출장을 나가 집을 비웠고, 토요일에도 일을 해야 하는 경우가 많았다. 지영은 자신이 혼자 아이들을 키우는 것 같다고 느낄 때가 종종 있었으며, 게다가 전처럼 자녀 양육에 있어 가족들의 도움을 받을 수 없어서 더 힘들게 느껴졌다. 설상가상으로 셋째를 임신하게 되었다. 그들은 가족들과 친구들이 너무도 그리웠다. 좋은 교회에 다니긴 했으나, 민석은 주일에는 너무 피곤해서 그냥 잠을 자고 싶었다. 주중에는 출장을 다녀야 했기 때문에 부부 성경 공부에도 참석할 수 없었다.

이들 부부의 새로운 삶은 약 일 년 정도 유지되다가 결국은 대폭발로 이어지고 말았다. 민석의 회사가 대기업에게 팔렸는데, 그 곳에는 이미 그 지역 담당 관리자가 있었던 것이다. 민석의 능력을 새 회사가 인정해주기는 했지만, 그에게 또 다른 제안을 했다. 그들이 지금 살고 있는 도시가 아닌 또 다른 도시 책임자가 되는 것이었다. "우리는 당신 같은 사람이 필요해요, 민석씨. 몇 년 내로 당신은 아마 서울 본사로 승진할 수 있을 거에요." 그 자리를 제안 받았을 때 그가 들은 말이었다.

3. 민석과 지영 부부가 이사에 관해 처음 결정을 내릴 때 느꼈을 스트레스는 어떤 것이었을까요?

_____

_____

4. 민석과 지영의 어떤 결정이 그들의 스트레스 강도를 더 높이게 했습니까?

_____

_____

5. 처음 더 큰 도시로 옮길 때에 민석과 지영은 어떤 요소들을 고려했어야 할까요?

_____

_____

날마다 우리가 느끼는 스트레스의 대부분은 피할 수 없는 것입니다. 그것들은 삶의 일부분이기 때문입니다. 그러나 스트레스를 가져오는 상황에서 우리는 스트레스를 줄이고 잘 견딜 수 있도록 도와주는 결정을 해야 합니다. 그렇지 않으면 우리는 현재 느끼고 있는 수준을 넘어서는 스트레스를 또 감당해야 할 것입니다.

홈빌더 원리

현명한 의사결정은
스트레스를 견딜 수 있도록 조절해 준다.

의사결정을 잘 하는 원칙

살면서 우리는 인생의 방향을 정하고, 가치관을 드러내며, 그 과정을 만드는 수없이 많은 의사결정을 하게 됩니다. 의사결정은 우리가 날마다 마주치는 스트레스를 다루는 데 중요한 역할을 합니다. 하지만 의사결정을 잘 하는 방법을 제대로 훈련 받은 사람은 거의 없을 것입니다. 게다가 성경적인 가치관으로 의사결정을 하기 위해 훈련 받은 사람은 더욱 적을 것입니다.

원칙1 : 하나님을 먼저 생각하기

6. 마태복음 6장 33-34절을 읽으십시오. 이 말씀의 진리를 의사결정 과정에 어떻게 적용할 수 있습니까?

> "그런즉 너희는 먼저 그의 나라와 그의 의를 구하라 그리하면 이 모든 것을 너희에게 더하시리라. 그러므로 내일 일을 위하여 염려하지 말라 내일 일은 내일이 염려할 것이요 한 날의 괴로움은 그 날로 족하니라"(마 6:33-34)

홈빌더 원리

의사결정은 그 사람의 가치관을 드러낸다.
그것은 자신의 인생에서 하나님을 최우선으로 놓고자 하는
의지가 반영되는 결정이어야 한다.

원칙2 : 성경의 말씀에 순종하기

7. 마태복음 7장 24-27절은 의사결정에 대한 기초를 무엇이라고 말하고 있습니까? 이것은 당신 부부와 가족들의 생활에서 부딪히는 스트레스에 어떤 영향을 줄 수 있습니까?

> "그러므로 누구든지 나의 이 말을 듣고 행하는 자는 그 집을 반석 위에 지은 지혜로운 사람 같으리니 비가 내리고 창수가 나고 바람이 불어 그 집에 부딪치되 무너지지 아니하나니 이는 주초를 반석 위에 놓은 까닭이요 나의 이 말을 듣고 행하지 아니하는 자는 그 집을 모래 위에 지은 어리석은 사람 같으리니 비가 내리고 창수가 나고 바람이 불어 그 집에 부딪치매 무너져 그 무너짐이 심하니라"(마태복음 7:24-27)

원칙3 : 부부가 함께 하나님의 지혜를 구하기

하나님께 지혜를 구하는 4단계

- 하나님의 인도를 구하는 기도를 한다. (잠언 3:5-7)
- 자신이 선택할 수 있는 것들을 정직하게 평가한다. (누가복음 14:28-32)
- 현명한 조언을 구한다. (잠언 12:15, 13:20, 15:22)
- 선택들 중에서 어떤 것이 가장 현명한지를 판단하고, 또 그 판단에 따라 행동할 것을 하나님께 약속한다.

8. 전도서 4장 9-12절을 읽으십시오. 부부가 함께 의사결정을 할 때의 장점은 무엇입니까?

"두 사람이 한 사람보다 나음은 그들이 수고함으로 좋은 상을 얻을 것임이라 혹시 그들이 넘어지면 하나가 그 동무를 붙들어 일으키려니와 홀로 있어 넘어지고 붙들어 일으킬 자가 없는 자에게는 화가 있으리라 또 두 사람이 함께 누우면 따뜻하거니와 한 사람이면 어찌 따뜻하랴 한 사람이면 패하겠거니와 두 사람이면 맞설 수 있나니 세 겹줄은 쉽게 끊어지지 아니하느니라"
(전도서 4:9-12)

9. 부부가 함께 했던 의사결정 중에서 잘 했던 예가 있다면 나누어 주십시오.

10. 현명한 의사결정을 하기위해 당신에게 필요하다고 생각하는 것은 무엇입니까?
   (예: 날마다 기도 시간을 가진다, 의사결정 과정에 배우자가 더 많이 참여하게 한다.)

   _____

   _____

홈빌더 원리

좋은 의사결정은 하나님과 성경 그리고 경건한 사람들의
현명한 조언에서 얻을 수 있으며, 부부가 함께 기도할 때에 이루어진다.

부부 데이트

다음 모임 전까지 배우자와 함께 홈빌더 과제를 나누기 위한 데이트 시간을 정하십시오. 이 과제를 통해 깨달은 것이나 경험한 것 한 가지를 다음 시간에 나눌 것입니다.

날짜   시간

장소

홈빌더 과제

혼자 하는 과제

다음 질문에 답하십시오.

1. 이번 시간을 통해 부부의 의사결정에 대해 알게 된 것이나 새롭게 발견한 것은 무엇입니까?

2. 어린 시절 부모님의 의사결정 과정을 보면서 배운 것은 무엇입니까?

3. 당신과 배우자는 의사결정 방식에서 어떻게 서로 다릅니까?

4. 홈빌더 모임에서 나눴던 의사결정 원칙을 다시 읽으십시오. 그 중에서 자신이 가장 잘하는 분야는 무엇입니까? 혹은 약한 분야는 무엇입니까?

5. 의사결정에서 배우자의 장점과 약점이 무엇이라고 생각하는지 당신의 의견을 적어보십시오.

6. 현재 당신이 받고 있는 스트레스 중에서 만약 이전에 현명한 의사결정을 내렸으면 지금 스트레스를 받지 않아도 될 일을 한두 가지 적어보십시오.

홈빌더 과제

부부가 함께하는 과제

1. '혼자 하는 과제'의 질문에 대한 자신의 답을 배우자와 함께 나누어 보십시오.

2. 의사결정이라는 주제를 생각하면서, 다음의 내용을 함께 나누어 보십시오.

- 우리가 부부로서 잘 하고 있는 일 한 가지는 무엇일까요?
- 우리가 하지 말아야 할 한 가지는 무엇일까요?
- 지금부터 우리가 시작해야 할 한 가지는 무엇일까요?

3. 당신의 한 주간 일정을 살펴보십시오. 당신이 느끼고 있는 시간적인 스트레스를 조금 가볍게 하기 위해서 어떤 결정을 할 수 있습니까?

4. 서로를 위해, 그리고 당신 부부가 의사결정을 할 때 필요한 지혜를 위해서 함께 기도하며 마치십시오.

달력에 '부부 데이트'를 위한 날을 표시해두고 잊지 않도록 하십시오.

2과

물질주의가 주는 스트레스

가정의 재정을 어떻게 관리하고 있는지 꼼꼼히 살핀다면 결혼생활의 재정적인 스트레스를 줄일 수 있습니다.

부부데이트 나눔

1과의 부부데이트 홈빌더 과제를 하면서 배운 것 중 하나를 나누어 주세요.

마음 열기

1. 다음의 질문 중 하나를 선택하여 그룹원들과 나누십시오.

   - 돈을 어리석게 낭비한 사람에 대해 알고 있거나 들은 적이 있습니까?
   - 돈을 어리석게 잘못 사용하고 관리했던 경험이 있습니까?
   - 어린 시절 돈을 벌기 위한 계획을 세워 본 적이 있었습니까? 그 결과는 어떠했습니까?

2. 많은 사람들이 재정문제가 결혼생활을 어렵게 만드는 큰 스트레스라고 말합니다. 그 이유가 무엇이라고 생각합니까?

3. 재정을 관리할 때에 당신 부부가 경험한 스트레스는 어떤 것이었습니까? 두 사람이 처음으로 돈 문제 때문에 생겼던 갈등이나 또는 최근에 재정 문제로 다툰 적이 있다면 나누어 주십시오.

 청사진

물질주의의 원인과 결과를 생각하라

부부들은 재정을 잘 관리하는 방법을 배우기 위해 많은 일들을 합니다. 부부들이 잘못된 재정적 판단이나 결정을 하도록 만드는 물질주의적 태도가 없는지 잘 살펴본다면 그것이 재정관리를 위한 현명한 판단의 시작이 될 것입니다.

1. 무엇을 보고 물질주의적 태도를 가졌다고 판단할 수 있을까요? 그 근거는 무엇입니까?

2. 우리가 살고 있는 현대의 문화에서 사람들이 너무 쉽게 물질주의적이 되는 이유는 무엇일까요?

3. 다음의 사례를 읽고 질문에 답해 보십시오.

> 여느 젊은 부부들과 다름없이 민석과 지영은 작은 전세아파트에서 신혼살림을 시작했다. 첫 4년 동안은 맞벌이를 해서 자신의 집을 살 수 있는 최소한의 자금을 모을 수 있었다. 지영이 첫 아기를 출산한 후 두 사람은 젊은 부부들이 많이 사는 근처 마을에 방 2개짜리 집을 장만했다. 집이 크지는 않았지만 세 가족이 살기에는 적당했다. 부부는 한 사람만 일을 하며 살고 싶었고, 그 집에

살면 그것이 가능했다.

그 후 몇 년의 세월이 흐르는 동안 민석과 지영은 아이 둘을 더 가졌고, 민석은 승진해서 수입도 증가했다. 막내가 유치원을 들어가자 지영은 유치원 교사로 아르바이트를 하기로 했다.

그 집에서 산지 9년 정도가 지났을 때 민석과 지영은 조금 조급해졌다. 주위를 둘러보니 지인들이 모두 더 큰 집으로 이사를 가는 것처럼 보였다. 지영이 말했다. "이 집이 이제 우리에겐 너무 작아. 아이들이 친구들을 데려와서 놀 수 있을 정도의 공간이 필요해!" 민석이도 마찬가지였다. "수철이가 이사 간 그 집을 당신도 봐야해. 집 구경을 하다 보니 우리도 이사 가고 싶더라고."

민석과 지영은 몇 주 동안 주말마다 부동산업자와 집을 보러 다니다가 마침내 마음에 꼭 드는 집을 찾게 되었다. 그 집은 지은 지 얼마 안 되었고 넓은 방이 3개나 있었다. 복층에 예쁜 다락방이 딸려 있을 뿐만 아니라 집안 전체에 몰딩이 되어 고급스러워 보였고, 주방에는 신형 주방기구들을 갖춰 놓았다.

가장 큰 문제는 당연히 집값이었다. 그 집을 사기 위해서는 두 배나 돈이 더 필요했고, 그들이 할 수 있는 유일한 방법은 지영이 더 많은 시간을 일하는 직장을 찾는 것이었다. 그들은 그 집을 사기 위해서 그 정도 희생을 치를 만한 가치가 있다고 생각했다. 지영이 말했다. "우리가 그토록 원하던 바로 그 집이야. 이 집에 살면 우리 가족이 얼마나 행복할까!"

두 번째 문제는 가구였다. 민석이 말했다. "이렇게 좋은 집에 창피하게 이 낡은 가구를 가지고 들어갈 순 없잖아!" 그들이 가진 돈으로는 새 집의 거실과 식당 그리고 아이들의 침실에 갖출 새 가구를 장만할 수가 없었다. 그리고 민석이 원하는 거실에 놓을 대형 TV를 살 수도 없었다. 그래서 그들은 그것들을 전부 신용카드로 결제를 했다. 그리고 그들은 다음 18개월 안에 카드 값 전부를 갚고야 말겠다는 다짐을 했다.

- 민석과 지영은 왜 그렇게 큰 집을 사게 되었을까요? 그런 결정을 내리게 만들었던 스트레스는 어떤 것들이었습니까?

- 그 결정의 결과로 그들이 앞으로 어떤 스트레스를 받을 것이라고 예상됩니까?

- 민석과 지영이 새 집과 새 가구를 사기로 결정하는 과정을 볼 때 두 사람이 어떤 가치관을 가지고 있는 것 같습니까?

4. 우리가 사는 문화에는 불만족이 만연해 있습니다. 당신은 어떤 면에서 그런 현상을 발견하십니까?

5. 다음의 성경 말씀들은 물질주의와 재정 관리에 대해 무엇이라고 말하고 있습니까?
- 마태복음 13:18-23 (특히 22절)

"그런즉 씨 뿌리는 비유를 들으라 아무나 천국 말씀을 듣고 깨닫지 못할 때는 악한 자가 와서 그 마음에 뿌려진 것을 빼앗나니 이는 곧 길 가에 뿌려진 자요 돌밭에 뿌려졌다는 것은 말씀을 듣고 즉시 기쁨으로 받되 그 속에 뿌리가 없어 잠시 견디다가 말씀으로 말미암아 환난이나 박해가 일어날 때에는 곧 넘어지는 자요 가시떨기에 뿌려졌다는 것은 말씀을 들으나 세상의 염려와 재물의 유혹에 말씀이 막혀 결실하지 못하는 자요 좋은 땅에 뿌려졌다는 것은 말씀을 듣고 깨닫는 자니 결실하여 어떤 것은 백 배, 어떤 것은 육십 배, 어떤 것은 삼십 배가 되느니라 하시더라"(마태복음 13:18-23)

- 누가복음 12:15-21

"그들에게 이르시되 삼가 모든 탐심을 물리치라 사람의 생명이 그 소유의 넉넉한 데 있지 아니하니라 하시고 또 비유로 그들에게 말하여 이르시되 한 부자가 그 밭에 소출이 풍성하매 심중에 생각하여 이르되 내가 곡식 쌓아 둘 곳이 없으니 어찌할까 하고 또 이르되 내가 이렇게 하리라 내 곳간을 헐고 더 크게 짓고 내 모든 곡식과 물건을 거기 쌓아 두리라 또 내가 내 영혼에게 이르되 영혼아 여러 해 쓸 물건을 많이 쌓아 두었으니 평안히 쉬고 먹고 마시고 즐거워하자 하리라 하되 하나님은 이르시되 어리석은 자여 오늘 밤에 네 영혼을 도로 찾으리니 그러면 네 준비한 것이 누구의 것이 되겠느냐 하셨으니 자기를 위하여 재물을 쌓아 두고 하나님께 대하여 부요하지 못한 자가 이와 같으니라"(누가복음 12:15-21)

● 디모데전서 6:6-10

"그러나 자족하는 마음이 있으면 경건은 큰 이익이 되느니라 우리가 세상에 아무 것도 가지고 온 것이 없으매 또한 아무 것도 가지고 가지 못하리니 우리가 먹을 것과 입을 것이 있은즉 족한 줄로 알 것이니라 부하려 하는 자들은 시험과 올무와 여러 가지 어리석고 해로운 욕심에 떨어지나니 곧 사람으로 파멸과 멸망에 빠지게 하는 것이라 돈을 사랑함이 일만 악의 뿌리가 되나니 이것을 탐내는 자들은 미혹을 받아 믿음에서 떠나 많은 근심으로써 자기를 찔렀도다" (디모데전서 6:6-10)

6. 우리는 때때로 물질주의적 태도를 합리화하기도 합니다. 어떤 식으로 합리화 합니까?

홈빌더 원리

부부는 하나님이 주신 것들로 만족감을 찾아야 한다.

자신의 가치관을 점검하라

7. 마태복음 6장 33절을 읽으십시오. 재정적인 문제에 대한 어떤 결정을 내릴 때 이 말씀을 어떻게 적용할 수 있을까요?

"그런즉 너희는 먼저 그의 나라와 그의 의를 구하라 그리하면 이 모든 것을 너희에게 더하시리라"(마태복음 6:33)

8. 진정한 성공이 무엇인지를 알게 되는 것이 물질주의를 이기는 데에 어떻게 도움이 될까요?

재정으로 인한 스트레스를 줄일 수 있도록 잘 판단하는 열쇠는 자신에게 솔직해지는 것입니다. 아래에 적힌 질문 몇 가지를 참고해 보십시오.

- 이것을 사면서 나는 어떤 만족을 찾고 있는가?
- 이것은 필요해서 사는 것인가 아니면 사고 싶어서 사는 것인가?
- 우리 부부는 이것을 사면서 기도하고 서로 의견을 나누어 보았는가?
- 이것을 사는 것이 하나님을 기쁘시게 하는 것인가?
- 이것을 사고 나면 앞으로 몇 년간 더 심한 스트레스를 받게 되지 않을까?
- 이것을 사고 난 후 과도한 빚을 지게 되지 않을까?
- 이것을 사는 것 때문에 우리 부부의 관계가 악화되지 않을까?

부부 데이트

다음 모임 전까지 배우자와 함께 홈빌더 과제를 나누기 위한 데이트 시간을 정하십시오. 이 과제를 통해 깨달은 것이나 경험한 것 한 가지를 다음 시간에 나눌 것입니다.

날짜   시간

장소

홈빌더 과제

혼자 하는 과제

다음 질문에 답하십시오.
1. 다음의 진단표를 완성해 보십시오.

	그렇지 않다		잘 모르겠다		그렇다

수입이 배로 오르면 더 행복하겠다. — ① — ② — ③ — ④ — ⑤

나는 뭐든 사는 걸 좋아한다. — ① — ② — ③ — ④ — ⑤

나는 쇼핑하고 싶다는 생각을 자주 한다. — ① — ② — ③ — ④ — ⑤

좋은 차를 타면 기분이 우쭐 해 진다. — ① — ② — ③ — ④ — ⑤

내 자존감은 우리 집 꾸미는 것과
긴밀히 연관되어 있다 — ① — ② — ③ — ④ — ⑤

사고 싶은 것들이 많다. — ① — ② — ③ — ④ — ⑤

쇼핑이나 사고 싶은 물건을 찾는 데에
많은 시간과 정신적 에너지를 사용한다. — ① — ② — ③ — ④ — ⑤

〈 물질주의 자가 진단 〉

	그렇지 않다	잘 모르겠다	그렇다

우리 아이들은 가지고 싶은 물건들에 마음을 빼앗기고 있다.   ① ② ③ ④ ⑤

내 옷장에는 멋지만 유행이 지나 못 입는 옷들이 많다.   ① ② ③ ④ ⑤

우리 가족이 소비를 잘 조절하면 더 많은 기부를 할 수 있을 것이다.   ① ② ③ ④ ⑤

남편: 맞벌이를 하지 않아도 심각하게 수입이 줄어들지 않는다면 나는 아내가 전업주부로 있게 하겠다.   ① ② ③ ④ ⑤

아내: 맞벌이를 하지 않아도 심각하게 수입이 줄어들지 않는다면 나는 전업주부가 될 마음이 있다   ① ② ③ ④ ⑤

전적인 희생이 필요할 정도가 아니라면 우리는 전임 사역자가 되어도 좋다.   ① ② ③ ④ ⑤

나는 다른 사람들의 시선에 신경을 많이 쓰는 편이다.   ① ② ③ ④ ⑤

〈 물질주의 자가 진단 〉

홈빌더 과제

2. 위의 진단표를 참고하여 판단한다면, 당신부부는 물질주의와 재정에 대한 스트레스를 잘 이겨내고 있습니까?

3. 당신에게 자녀가 있다면 답해 보십시오. 당신은 당신의 자녀가 물질주의와 그 스트레스를 잘 이겨낼 수 있는 사람으로 자라도록 어떻게 양육하고 있습니까?

4. 과거의 결정이 지금 현재도 당신과 배우자에게 스트레스를 주고 있는 것이 있습니까? 그런 스트레스를 줄일 수 있도록 지금 당신이 내릴 수 있는 결정이 있다면 그것은 무엇입니까?

5. 마태복음 6장 33절과 디모데전서 6장 6-12절을 다시 읽으십시오. 이 말씀을 통해 하나님이 당신 가족에게 어떤 말씀을 하고 있다고 생각하십니까?

홈빌더 과제

부부가 함께 하는 과제

1. '혼자 하는 과제'의 질문에 대한 당신의 답변을 배우자와 나누십시오.

2. 가정에서 물질주의로 인한 스트레스를 줄이거나 피할 수 있도록 부부가 함께 할 수 있는 일에는 어떤 것이 있습니까? 구체적으로 적어보십시오.

3. 재정 문제에 대해 바른 판단을 내릴 수 있도록 하나님께 지혜와 힘을 구하는 기도로 마무리 하십시오.

달력에 '부부 데이트'를 위한 날을 표시해두고 잊지 않도록 하십시오.

3과
피로가 주는 스트레스

피로는 일의 양이나 활동으로 인한 문제라기보다는 적절한 휴식을 제대로 갖지 못한 결과일 가능성이 더 많습니다.

부부데이트 나눔

2과의 부부데이트 홈빌더 과제를 하면서 배운 것 중 하나를 나누어 주세요.

💕 마음 열기

당신은 자신의 삶의 속도에 대해 어떤 평가를 내리겠습니까? 아래 낱말들 중에서 지금 당신이 느끼는 기분을 가장 정확하게 설명하는 단어 두 개를 선택하여 표시하세요.

- 낙담한
- 중심이 잡힌
- 갈피를 잡을 수 없는
- 평탄한
- 힘을 얻은
- 스트레스를 받고 있는

- 편안한
- 희망에 찬
- 평안한
- 만신창이가 된
- 무가치한
- 몹시 쇠약한

- 탈진한
- 기운이 넘치는
- 당황한
- 산만한
- 지친

그룹원들에게 자신이 선택한 두 가지와 그 단어를 선택한 이유를 나누어 주십시오.

 청사진

결혼생활에서 피로감의 문제

급변하는 사회 문화 속에서 현대의 많은 부부들은 과중한 피로라는 스트레스를 느끼게 됩니다. 우리가 피로를 느끼는 것은 자연스러운 것이지만 어떤 피로는 우리의 잘못된 선택의 결과로 생기기도 합니다.

1. 당신은 배우자가 피곤하다는 것을 어떻게 알 수 있습니까? 피로는 결혼생활의 질에 어떤 영향을 미친다고 생각합니까?

2. 결혼생활이 탈진에 이르지 않도록 두 사람이 부부로서 지키고 있는 습관이나 생활패턴이 있다면 어떤 것이 있습니까?

쉼을 위한 시간 1 : 초점 다시 맞추기

분명한 목적과 방향이 없이 평생 달리기만 계속 하는 것처럼 지치게 하는 것도 없습니다. 꽉 찬 스케줄에 이리저리 끌려 다닌다고 느끼고 더군다나 진정한 목적의식도 없다면, 그것은 우리에게 피로감을 줄 뿐만 아니라 몸과 영혼이 탈진하여 힘을 잃게 만들 것입니다.

우리는 자신에게 무슨 일이 일어나고 있는지 알아차릴 시간을 가져야합니다. 그것이 바로 '초점 다시 맞추기'입니다. 그것은 인생의 의미와 방향을 다시 잡아주기 위한 것입니다. 다음 질문에 답해 보십시오.

- 우리는 왜 이렇게 자신을 바쁘게 몰아세우고 있는가?
- 현재의 우리 생활은 우리를 어디로 데리고 갈 것인가?
- 이런 활동들은 우리 결혼생활에 어떤 영향을 미치고 있는가?
- 하나님은 우리가 관여하고 있는 일들을 기뻐하실 것인가?
- 우리에게 가장 중요한 우선순위는 무엇인가?
- 현재 하고 있는 활동 중에 우리가 포기할 수 있는 활동이 있는가?

3. 당신과 배우자가 편안한 분위기에서 위와 같은 질문들을 가지고 서로의 우선순위와 스케줄을 조정하는 시도를 한 것이 언제였습니까?

인생을 방향 없이 사는 것보다 더 피곤한 것은 없다.

쉼을 위한 시간 2: 내려놓기

중요해 보이지만 실제로는 그렇지 않은 일들을 내려놓으면 당신은 즉시 활력을 되찾는 경험을 할 수 있습니다.

4. 누가복음 10장 38-42절을 읽으십시오. 예수님이 마르다에게 내려놓으라고 충고하신 스트레스들은 어떤 것입니까? 마르다가 좀 더 정확한 관점을 가지도록 예수님은 어떻게 도우셨습니까?

> "그들이 길 갈 때에 예수께서 한 마을에 들어가시매 마르다라 이름하는 한 여자가 자기 집으로 영접하더라 그에게 마리아라 하는 동생이 있어 주의 발치에 앉아 그의 말씀을 듣더니 마르다는 준비하는 일이 많아 마음이 분주한지라 예수께 나아가 이르되 주여 내 동생이 나 혼자 일하게 두는 것을 생각하지 아니하시나이까 그를 명하사 나를 도와 주라 하소서 주께서 대답하여 이르시되 마르다야 마르다야 네가 많은 일로 염려하고 근심하나 몇 가지만 하든지 혹은 한 가지만이라도 족하니라 마리아는 이 좋은 편을 택하였으니 빼앗기지 아니하리라 하시니라"(누가복음 10:38-42)

5. 지금 돌아보면 실제로는 불필요했지만 당신의 삶과 결혼생활을 지치게 만들었던 과거의 활동이나 염려가 있었다면 어떤 것이었습니까?

6. 당신에게 중압감을 주었던 과도한 책임이나 기대 또는 목표달성을 위한 헌신들을 줄이기로 결정했던 경험이 있다면 그것은 무엇입니까?

홈빌더 원리

우리 인생가운데 어떤 부분에서는 내려놓는 것이 가장 좋은 전략이 될 수 있다.
과도한 책임감, 기대, 그리고 목표달성을 위한 헌신들을 줄이기로 결정하면
그 삶을 짓누르는 스트레스를 줄일 수 있다.

쉼을 위한 시간 3 : 회개하기

7. 회개를 휴식과 연관 짓는 것이 처음에는 이상하게 보일 수도 있습니다. 그러나 시편 32편 3-5절의 말씀은 고백하지 않은 죄의 결과에 대해 우리에게 무엇이라고 말하고 있습니까?

"내가 입을 열지 아니할 때에 종일 신음하므로 내 뼈가 쇠하였도다 주의 손이 주야로 나를 누르시오니 내 진액이 빠져서 여름 가뭄에 마름 같이 되었나이다 (셀라) 내가 이르기를 내 허물을 여호와께 자복하리라 하고 주께 내 죄를 아뢰고 내 죄악을 숨기지 아니하였더니 곧 주께서 내 죄악을 사하셨나이다 (셀라)"(시편 32:3-5)

8. 사람들은 자신의 나쁜 행동을 숨기거나 합리화하기 위해 많은 시간과 에너지를 소비하기도 합니다. 그런 경험이나 생각나는 예화가 있으면 나누어 주십시오.

9. 당신의 결혼생활에서 불필요한 에너지를 낭비하지 않기 위해 그리고 당신과 당신의 배우자가 고통스럽지 않도록 겸손하게 잘못을 고백할 수 있는 방법은 무엇입니까?

홈빌더 원리

죄를 인정하지 않으면 탈진이라는 대가를 치른다!
진정한 쉼은 깨끗한 양심으로부터 누릴 수 있다.

부부 데이트

다음 모임 전까지 배우자와 함께 홈빌더 과제를 나누기 위한 데이트 시간을 정하십시오. 이 과제를 통해 깨달은 것이나 경험한 것 한 가지를 다음 시간에 나눌 것입니다.

날짜 _____ 시간 _____

장소 _____

홈빌더 과제

혼자 하는 과제

다음의 질문에 답하십시오.

1. 누가복음 10장 38-42절을 다시 읽으십시오. 당신의 가족이 느끼는 스트레스를 줄이기 위해 당신 부부가 과감히 내려놓아야 할 것들은 무엇입니까?

2. 시편 139편 23-24절을 읽으십시오. 하나님께 정직하게 다음과 같이 물으십시오. "저를 이렇게 지치게 만드는 것이 고백하지 않은 죄 때문이라면 그것이 무엇인지 알게 해 주십시오" 잠잠히 그분 앞에 앉아 당신 양심에 떠오르는 답들을 아래에 적으십시오.

"하나님이여 나를 살피사 내 마음을 아시며 나를 시험하사 내 뜻을 아옵소서 내게 무슨 악한 행위가 있나 보시고 나를 영원한 길로 인도하소서"(시편 139:23-24)

3. 이제는 요한일서 1장 9절을 읽으십시오. 당신은 그 말씀을 믿습니까? 그렇다면 아래의 내용을 따라서 하십시오.

"만일 우리가 우리 죄를 자백하면 그는 미쁘시고 의로우사 우리 죄를 사하시며 우리를 모든 불의에서 깨끗하게 하실 것이요"(요한일서 1:9)

- 지금 바로 당신이 2번 질문에서 적었던 잘못들을 하나님께 하나하나 구체적으로 고백하십시오. 그것들이 잘못되었으며 변하고 싶다고 말하십시오. 그리고 그러한 잘못들을 용서하신 하나님께 감사하십시오. 하나님 앞에서 당신은 이제 용서받았습니다. 죄에서 깨끗해졌습니다!

- 자신의 믿음을 표현하는 방법으로 위에 적은 죄들을 하나씩 X 표로 지우고 '용서받음'이라고 적으십시오. 당신의 고백으로 인해 하나님은 더 이상 그 죄들을 당신에게 묻지 않으십니다. 기뻐하고 감사하세요!

당신이 이전에 실패했던 영역에서도 하나님의 도움을 구하는 기도를 하십시오. 또 당신의 약점을 보완하기 위해서 다른 사람의 도움이나 조언을 구하십시오.

홈빌더 과제

부부가 함께하는 과제

1. "안식일이 사람을 위하여 있는 것이요"(막 2:27)라고 하신 예수님의 말씀은 어떤 의미일까요?

   > "또 이르시되 안식일이 사람을 위하여 있는 것이요 사람이 안식일을 위하여 있는 것이 아니니"
   > (마가복음 2:27)

2. 주일은 당신에게 한 주간 일정 중에서 어떤 역할을 하고 있습니까? 다음의 한 가지를 골라보세요:

   - 주일은 다른 날과 별로 다르지 않다.
   - 주일은 주중에 다 못한 일을 마무리 하는 날이다.
   - 주일은 휴식을 취하는 날이다.
   - 주일은 오락과 취미생활을 위한 날이다.
   - 주일은 예배와 한 주간을 돌아보기 위한 날이다.
   - 기타 :

3. 주일을 깨끗하지 못한 생활과 목적 없는 활동에서 오는 공허함을 치료하고 더 의미 있는 안식의 날로 만들 수 있는 구체적인 방법은 무엇입니까?

4. 앞으로 있을 다음 두 달 동안 자신의 시간을 소비할 주요 활동과 일을 모두 적어보십시오. 그리고 일이라고 생각하지 않는 (성가대 연습, 운동 등) 정기적인 모임이나 반복되는 활동도 모두 적으십시오.

홈빌더 과제

5. 다음 도표를 함께 채우십시오. 서로의 말에 귀 기울이도록 하십시오. 자신의 삶에서 불필요한 부분이 무엇인지 당신 자신 보다 배우자가 더 잘 알 수도 있습니다.

- 우리가 내려놓을 수 있는 불필요한 것들

- 우리 인생에서 불필요한 것들

- 배우자의 삶에서 불필요한 것들

- 부부에게 불필요한 것들

6. 당신 부부가 함께하는 삶에서 불필요한 활동과 과도한 목표달성을 위한 헌신들을 모두 내려놓기 위해서 어떤 행동을 해야 합니까?

7. 이러한 질문을 할 때에 혹시 두 사람 사이에 어떤 갈등이 생겼나요? 서로를 이해하고 사랑하는 것으로 그런 의견의 차이를 해결할 수 있도록 기도로 마치십시오.

달력에 '부부 데이트'를 위한 날을 표시해두고 잊지 않도록 하십시오.

4과

인생의 단계가 주는 스트레스

지혜로운 부부는 결혼생활의 단계와 그 시기마다 있는 특별한 도전을 맞이하기 위해 준비합니다.

부부데이트 나눔

3과의 부부데이트 홈빌더 과제를 하면서 배운 것 중 하나를 나누어 주세요.

💕 마음 열기

사례 연구

상수와 은경은 결혼해서 처음 오 년 동안은 정말 행복하게 살았다고 자신했다. 그 동안 상수는 연봉이 좋은 직장을 잡았고 은경은 초등학교 교사로 일했다. 그들은 아담한 집을 샀고 지금도 그 집에서 잘 살고 있다.

그러나 그들은 얼마 전 결혼 9주년을 별로 기쁨이 없이 보냈다. 이제 두 사람 사이는 예전 같지 않았다. 작년에 은경은 둘째를 가진 후 다니던 학교를 그만두게 되었다. 은경은 아이들과 집에 있을 수 있어서 기뻤지만 가끔 끝도 없는 집안일과 육아에 탈진했다고 느낀다. 그녀는 어른들끼리의 대화에 굶주려 있었고 예전처럼 인생에 대한 만족감도 느끼지 못했다.

상수도 마찬가지로 큰 변화를 겪었다. 지역 담당 부장으로 승진한 이후로 출장도 훨씬 더 잦아졌고 야근을 하는 일도 많았다. 상수는 주말이면 야구를 즐겼는데, 아내가 불평을 했지만, 그로서는 약간의 자기만을 위한 시간을 가질 자격이 있다고 생각했다.

반면 은경은 남편이 가족들과의 시간을 충분히 가지는데 인색하다고 느꼈다. 그러나 상수는 자신이 최선을 다하고 있다고 생각하기에 당당했다. 때로는 아내의 관심을 아이들에게 다 빼앗기는 것 같아 불쾌할 때도 있었다.

상수와 은경은 서로 점차 멀어지고 있다는 생각을 지울 수 없다. 자신들이 갑자기 버럭 화를 내는 것에 놀라곤 한다. 그렇게 좋았던 두 사람의 사이가 차가워졌다. 겹겹이 불만이 쌓이면서 두 사람은 서로 사랑이 식어버리는 것이 아닐까 두렵다.

1. 이 부부의 문제가 무엇이라고 생각합니까?

2. 당신이라면 상수와 은경에게 어떤 조언을 하겠습니까? 그들이 인생의 새로운 단계를 맞아 어떠한 조정이 필요하다고 생각합니까?

 청사진

사랑은 노래하는 것이다

모든 결혼 생활에는 사건이나 문제, 적응이나 필요가 분명히 다른 구체적인 단계들이 있습니다. 결혼생활의 새로운 단계와 시기에 들어갈 때 겪게 될 스트레스에 잘 준비된 부부들은 그리 많지 않습니다. 많은 부부들이 자신들에게 닥칠 일들에 대해 거의 모르고 결혼생활을 시작합니다. 그렇기 때문에 많은 부부들은 결혼생활의 각 단계마다 일어날 일들에 대해 거의 생각이 없거나 이해를 하지 못합니다. 그 결과 각 단계가 지니는 특별한 스트레스에 놀라거나 심지어는 휘둘리기 쉽습니다. 성공적으로 그 단계를 통과하기 위해서는 그 시기를 새롭게 보는 관점과 헌신, 그리고 부부 각자의 특별한 준비가 있어야 합니다.

1. 당신부부는 어떤 단계를 지나왔습니까? 그리고 지금 당신의 결혼생활은 어떤 시기를 지나고 있습니까?

2. 현재 당신이 맞고 있는 인생의 단계를 다루기 위해 당신은 얼마나 잘 준비되어 있습니까? 또는 당신 부부가 미리 준비되었더라면 좋았을 것이라고 생각하는 것은 어떤 것이 있습니까?

3. 다음의 성경 말씀은 결혼생활의 각 단계를 이해하고 준비하기 위한 원리들입니다. 당신은 그 원리들을 어떻게 적용하겠습니까?
   - 잠언 24:3-4

   "집은 지혜로 말미암아 건축되고 명철로 말미암아 견고하게 되며 또 방들은 지식으로 말미암아 각종 귀하고 아름다운 보배로 채우게 되느니라"(잠언 24:3-4)

● 누가복음 14:28-30

"너희 중의 누가 망대를 세우고자 할진대 자기의 가진 것이 준공하기까지에 족할지 먼저 앉아 그 비용을 계산하지 아니하겠느냐 그렇게 아니하여 그 기초만 쌓고 능히 이루지 못하면 보는 자가 다 비웃어 이르되 이 사람이 공사를 시작하고 능히 이루지 못하였다 하리라"(누가복음 14:28-30)

홈빌더 원리

결혼생활의 새로운 단계가 주는 스트레스를 해소할 수 있는
가장 좋은 방법은 미리 준비하는 것이다.

결혼생활의 단계들

결혼생활의 단계를 아는 것은 그다지 어렵지 않습니다. 그렇지만 각 단계에 따르는 독특한 스트레스를 알아차리고 이겨내도록 조정하는 일은 쉽지 않을 것입니다. 결혼생활의 단계마다 있는 특징을 잘 알고 준비하면 그만큼 부부가 얻을 수 있는 이익도 많아서, 각 단계에 따르는 독특한 스트레스를 조절할 수 있게 될 것입니다.
다음은 대부분의 부부들이 거치는 각 단계의 일반적인 스트레스 요인들을 보여줍니다. 그것들을 읽으며 나눌 때 당신이 중요하다고 느끼는 다른 문제들이 있다면 자유롭게 추가하십시오.

신혼기
- 남편과 아내로서 자신의 새로운 역할을 정하고 합의한다.(즉, 누가 무엇을 할 것인가 등.)
- 양가의 가족들과의 관계를 발전시킨다.
- 일상적인 일들을 함께 하는 방법을 배운다.
- 서로 소통하고 갈등을 해결하는 법을 배운다.
- 서로의 차이점(가치관, 식성, 필요, 등)에 적응한다.
- 기타:

취학 전 아동을 가진 시기
- 일과 양육에 관한 중대한 결정을 내린다.
- 서로를 위한 시간을 놓치지 않고 가진다.
- 자녀 양육에 따르는 새로운 역할을 발전시키고 그에 따르는 책임을 받아들인다.
- 커진 재정적 스트레스를 관리한다.
- 서로의 관계가 녹슬지 않도록 유지한다.
- 직장에서 커지는 책임을 감당한다.
- 기타:

학령기의 자녀를 둔 시기

- 자녀가 학교를 다니며 새 친구를 만나고 그들 자신의 활동을 시작하는 등의 부모로써 바빠지는 일정을 관리한다.
- 자녀의 교육비를 담당하며 은퇴를 위한 재정 준비를 시작한다.
- 자녀의 사춘기에 적응한다.
- 결혼생활이 10년을 넘고 20년을 넘어도 두 사람 사이의 친밀감을 좋게 유지한다.
- 기타:

자녀를 독립시키는 시기

- 중년기의 위기를 다룬다.
- 연로하여 병이 나신 부모님들을 돌본다.
- 자신의 건강을 관리한다.
- 대학생 자녀에게 필요한 재정의 스트레스를 다룬다.
- 자녀가 성공적으로 성인이 되도록 놓아준다.
- 기타:

빈 둥지를 지키는 시기

- 자녀가 떠난 후 남편과 아내에게 주어지는 새로운 역할에 적응한다.
- 부부관계에 다시 초점을 맞춘다.
- 새로운 생활 방식을 발전시킨다.
- 미래에 필요할 재정을 떼어 놓는다.
- 자녀들이 결혼하여 자신의 가족을 가지게 될 때 그 자녀들과의 관계 변화에 적응한다.
- 며느리나 사위와의 관계와 손자손녀가 생긴 후의 역할을 정한다.
- 기타:

은퇴기
- 약해지는 신체를 건강하게 유지한다.
- 직장에서의 은퇴 이후 새로운 목적을 발견한다.
- 은퇴 후의 수입에 적응한다.
- 기타:

4. 당신이 지나 왔거나 지금 지나고 있는 단계에 가장 도움이 되는 것이 무엇인지 그룹원들과 나누십시오. 특정한 인생의 단계에서 당신 부부에게 주어진 스트레스를 줄여 주었던 것들은 무엇이었습니까?(책이나 통찰력 혹은 생활 방식의 조정 등.)

5. 혹시 결혼생활의 특정한 단계에 관련이 있다고 생각하거나 적용하여서 도움을 받았던 성경 말씀이 있다면 그룹원들에게 나누어 주십시오.

6. 결혼생활의 다음 단계를 위해 지금 당신은 어떤 방법으로 준비할 수 있을까요?

7. 성경은 다른 사람의 조언을 구하라고 종종 말하고 있습니다. 잠언 15장 22절을 보면, "의논 없이 세워진 계획은 실패하지만, 조언자들이 많으면 그 계획이 이루어진다."(새번역) 라고 합니다. 다른 사람의 조언에서 어떤 도움을 얻은 적이 있습니까?

_____

_____

8. 인생의 각 단계를 통과하는 것에 관해 그룹원들로부터 당신은 무엇을 배울 수 있었습니까?

_____

_____

홈빌더 원리

*현명한 부부는 결혼생활의 각 단계를 잘 지나기 위해
성숙한 사람들에게 조언을 구한다.*

부부 데이트

다음 모임 전까지 배우자와 함께 홈빌더 과제를 나누기 위한 데이트 시간을 정하십시오. 이 과제를 통해 깨달은 것이나 경험한 것 한 가지를 다음 시간에 나눌 것입니다.

날짜   시간

장소

홈빌더 과제

혼자 하는 과제

다음의 질문에 답하세요.

1. 이번 과에서 당신은 어떤 점을 결혼생활에 적용하고 싶습니까?

2. 현재 당신 부부가 지나고 있는 단계에서 가장 도움이 필요한 부분은 무엇입니까?

3. 결혼생활에서 현재의 단계를 잘 통과하도록 도움을 얻기 위해 지금 당장 당신이 이용 할 수 있는 자원은 무엇입니까? 앞에 놓인 스트레스들을 다루기 위해 당신은 어떻게 준비 할 수 있습니까?

4. 당신이 지금 지나고 있는 결혼생활의 단계를 성공적으로 보낸 부부를 알고 있다면 그 부부들의 이름을 적어보세요. 어떻게 그 단계를 잘 지내왔는지 그 부부들 중 한 부부와 만날 수 있도록 약속을 잡아보세요.

홈빌더 과제

5. 지금 당신의 단계를 성공적으로 지내기 위해 당신이 담당해야 할 사랑과 헌신의 목록을 구체적으로 적어 보십시오.

6. 당신만의 새 결혼서약을 만들어 봅시다. 당신이 적어둔 사랑과 헌신의 목록을 배우자를 향한 약속으로 바꾸십시오. 사랑과 감사의 표현이 포함된 새 결혼서약서는 두 사람이 지금 속한 결혼생활의 단계를 지나는 데에 도움이 될 것입니다.

나의 새 결혼서약

부부가 함께하는 과제

1. 결혼생활에 대한 새로운 헌신의 표현으로 자신이 작성한 새 결혼서약을 서로에게 읽어주십시오. 모든 결혼생활의 단계에는 새로운 헌신이 필요함을 기억하십시오.

2. 부부가 서로 새롭게 헌신할 수 있도록 도움을 구하는 기도로 데이트를 마치십시오.

달력에 '부부 데이트'를 위한 날을 표시해두고 잊지 않도록 하십시오.

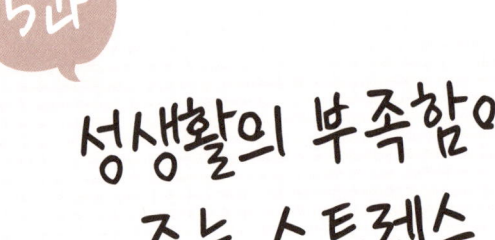

5과
성생활의 부족함이 주는 스트레스

서로가 만족하는 성생활을 누리기 위한 기초는 배우자의 필요를 이해하고 그 필요를 채워주기 위해 노력하는 것입니다.

부부 데이트 나눔

4과의 부부 데이트 홈빌더 과제를 하면서 배운 것 중 하나를 나누어주세요.

 마음 열기

1. 당신이 생각하는 낭만적인 부부의 밤에 대해 묘사해보세요.

2. 그렇다면 배우자가 생각하는 낭만적인 밤은 어떨 것이라고 생각하나요?

3. 통계적으로 그리스도인 남성들은 다른 사람과 부부의 성생활에 관해 이야기 하는 것을 불편해합니다. 아내 보다 남편이 오히려 더 불편해 하는 이유는 무엇이라고 생각하나요?

* 이번 과에서는 남편 그룹과 아내 그룹으로 나누어서 진행할 것입니다.

 청사진

스트레스가 부부의 성관계에 미치는 영향

주원과 태희가 연애 할 때는 스킨십에 관해 서로의 열정을 감당하기가 힘들 정도였다. 그들은 행복한 결혼식 후 첫 3년 동안은 정기적으로 서로가 만족스러운 성관계를 가질 수 있었다. 그러나 두 자녀가 연년생으로 생기고 난 후에는 상황이 변했다.

결혼 7년 차에 들어선 주원과 태희의 가정생활은 다음과 같다.

오전 6:00-7:30	일어나서 아침을 먹고 출근 준비를 한다. 아이들을 먹이고 입힌다.
오전 7:30-8:30	주원은 차로 30분 걸리는 곳에 있는 직장으로 출근한다. 태희는 아이들을 어린이집에 데려다 주고 15분 떨어진 병원으로 향한다. 태희는 간호사로 일하고 있다.
오후 6:00	직장에서 지친 태희가 두 아이들을 데리고 장을 봐서 집으로 돌아온다. 곧 저녁 준비에 돌입한다.
오후 7:00	주원의 눈이 퀭해서 퇴근한다.
오후 7:00-8:00	저녁을 먹고 설거지를 한다.
오후 8:00-9:30	아이들과 놀아주고 씻기고 잠재운다.
오후 9:30-11:30	TV를 보거나 전화를 건다. 집안일을 하거나 인터넷 뱅킹 등을 한다.
오후 11:30	잠자리에 든다.

주원과 태희는 생활의 일정이 너무 빡빡하다고 생각하지만 어떻게 바꿔야할지 엄두가 나지 않는다. 신혼 때처럼 두 사람이 함께 여가를 즐긴 지가 벌써 오래전인 것 같다. 겨우 아이들을 재우고 해야 할 일들을 하다보면 나머지 시간에는 겨우 TV를 보거나 잠을 자고 싶을 뿐이다.

뿐만 아니라 두 사람은 부부의 성생활에도 불만이다. 주원은 아내가 왜 예전과 달리 성관계를 기피하는지 이해할 수가 없다. 태희는 반대로 하고 싶지 않아도 성관계를 가져야 한다는 스트레스를 받고 있다. 태희는 남편의 성욕이 짜증나고 며칠간 별 대화도 없다가 어떻게 갑자기 잠자리를 요구할 수 있는지 그의 머릿속 지도를 따라가 보고 싶은 심정이었다. 또 한 가지 그녀의 신경을 긁는 것은 출산 후 불어난 몸이었다. 그녀는 자신이 못생겼다는 자격지심을 가지고 있는데 남편이 '군살을 빼라'는 말을 해서 더 큰 상처를 입었다. 남편이 이제 자신에게 더 이상 매력을 느끼지 못하는 것 같다. 다른 여자들은 출산 후에도 예전 몸으로 잘 돌아가는 것 같은데 왜 자신은 안 그런지… 뭐 그렇다고 주원도 그리 날씬하진 않다. 그걸 태희가 입 밖에 내지 않을 뿐이다.

그렇다고 두 사람이 성생활에 영 관심이 없는 것은 아니다. 그럼에도 부부는 소원해져서 두 사람 사이의 장밋빛 분위기는 더 이상 존재하지 않는다. 두 사람이 함께 할 수 있는 시간은 겨우 주말인데, 그 시간도 늘 확보되지 않았다.

1. 주원과 태희에게 스트레스가 되는 주된 문제는 무엇입니까?

2. 배우자의 필요를 잘 이해하지 못하는 것이 결혼생활과 부부의 성관계에 어떤 스트레스로 나타납니까?

3. 분주한 일정에 책임과 스트레스가 더해졌을 때 부부의 성생활에 어떤 영향을 주게 되었습니까?

 **남편들을 위한 나눔**

아내의 필요를 채우십시오

4. 고린도전서 7장 3-5절을 읽으십시오. 이 말씀은 결혼생활에서 성관계에 우선순위를 두는 것이 얼마나 중요한지를 말하고 있습니다. 그것을 실천하기 위한 현실적인 방법에는 어떤 것들이 있을까요?

> "남편은 그 아내에 대한 의무를 다하고 아내도 그 남편에게 그렇게 할지라 아내는 자기 몸을 주장하지 못하고 오직 그 남편이 하며 남편도 그와 같이 자기 몸을 주장하지 못하고 오직 그 아내가 하나니 서로 분방하지 말라 다만 기도할 틈을 얻기 위하여 합의상 얼마 동안은 하되 다시 합하라 이는 너희가 절제 못함으로 말미암아 사탄이 너희를 시험하지 못하게 하려 함이라"
> (고린도전서 7:3-5)

홈빌더 원리

부부는 성생활에 높은 우선순위를 두어야 한다.

5. 당신의 결혼생활의 경험에서 볼 때, 남자와 여자가 느끼는 성이 다르다는 것을 가장 크게 느꼈던 부분은 어떤 것입니까?

6. 〈그 남자의 욕구, 그 여자의 갈망〉(His Needs, Her Needs, Willard F. Harley Jr.)이라는 책의 저자는 결혼생활에 따르는 필요를 다음과 같이 정리했습니다.

존경, 애정, 매력적인 배우자, 정직과 솔직함, 가족에 대한 헌신, 집안일을 도움, 대화, 오락과 취미생활의 동반자, 성적 만족감, 재정적인 부양.

아래 도표에 저자가 만났던 남편들이 무엇을 우선순위로 정했을지 당신이 생각하는 것 다섯 가지를 중요한 순서대로 1부터 5까지 적어 보십시오. 그 다음에는 오른쪽 아내들의 필요에도 동일하게 순위를 매겨보세요.

남편		아내
	존경심	
	애정	
	매력적인 배우자	
	정직과 솔직함	
	가족에 대한 헌신	
	집안일을 도움	
	대화	
	오락과 취미생활의 동반자	
	성적 만족감	
	재정적인 부양	

당신의 답변을 그룹원들과 나누십시오. 그리고 이번 과의 마지막에 있는 저자의 연구 결과와 자신의 답변이 어떻게 다른지 찾아보십시오.

7. 베드로전서 3장 7절을 읽으십시오. 당신이 아내를 여자로 존중하고 있음을 보여줄 수 있는 실제적인 방법들은 무엇입니까? 성적인 부분에서 어떻게 아내를 존중할 수 있을까요?

"남편들아 이와 같이 지식을 따라 너희 아내와 동거하고 그를 더 연약한 그릇이요 또 생명의 은혜를 함께 이어받을 자로 알아 귀히 여기라 이는 너희 기도가 막히지 아니하게 하려 함이라"
(베드로전서 3:7)

8. 빌립보서 2장 3-4절을 읽으십시오. 만족한 성생활을 위해 서로 배려하는 태도가 필요한 이유는 무엇입니까? 부부의 성생활에서 이기심을 벗어버리기 위해 당신은 어떤 일을 했습니까?

"아무 일에든지 다툼이나 허영으로 하지 말고 오직 겸손한 마음으로 각각 자기보다 남을 낫게 여기고 각각 자기 일을 돌볼뿐더러 또한 각각 다른 사람들의 일을 돌보아 나의 기쁨을 충만하게 하라"(빌립보서 2:3-4)

9. 결혼생활에서 연애감정을 계속 유지하기 위해 당신이나 혹은 다른 사람이 알아낸 창조적인 아이디어 한 가지를 그룹원들에게 소개해 주십시오. (다른 그룹원들의 아이디어를 적어두는 것도 좋습니다.)

홈빌더 원리

부부의 성적 친밀감을 위해서는 자신이 먼저 만족하려는 이기심을 버리고 배우자의 필요에 초점을 맞춰야 한다.

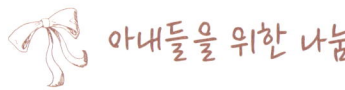 아내들을 위한 나눔

남편의 필요를 채우십시오.

4. 고린도전서 7장 3-5절을 읽으십시오. 이 말씀은 결혼생활에서 성관계에 우선순위를 두는 것이 얼마나 중요한지를 말하고 있습니다. 그것을 실천하기 위한 현실적인 방법에는 어떤 것들이 있을까요?

"남편은 그 아내에 대한 의무를 다하고 아내도 그 남편에게 그렇게 할지라 아내는 자기 몸을 주장하지 못하고 오직 그 남편이 하며 남편도 그와 같이 자기 몸을 주장하지 못하고 오직 그 아내가 하나니 서로 분방하지 말라 다만 기도할 틈을 얻기 위하여 합의상 얼마 동안은 하되 다시 합하라 이는 너희가 절제 못함으로 말미암아 사탄이 너희를 시험하지 못하게 하려 함이라"
(고린도전서 7:3-5)

 홈빌더 원리

부부는 성생활에 높은 우선순위를 두어야 한다.

5. 당신의 결혼생활의 경험에서 볼 때, 남자와 여자가 느끼는 성이 다르다는 것을 가장 크게 느꼈던 부분은 어떤 것입니까?

6. 〈그 남자의 욕구, 그 여자의 갈망〉(His Needs, Her Needs, Willard F. Harley Jr.)이라는 책의 저자는 결혼생활에 따르는 필요를 다음과 같이 정리했습니다.

존경, 애정, 매력적인 배우자, 정직과 솔직함, 가족에 대한 헌신, 집안일을 도움, 대화, 오락과 취미생활의 동반자, 성적 만족감, 재정적인 부양.

아래 도표에 저자가 만났던 남편들이 무엇을 우선순위로 정했을지 당신이 생각하는 것 다섯 가지를 중요한 순서대로 1부터 5까지 적어 보십시오. 그 다음에는 오른 쪽 아내들의 필요에도 동일하게 순위를 매겨보세요.

남편		아내
	존경심	
	애정	
	매력적인 배우자	
	정직과 솔직함	
	가족에 대한 헌신	
	집안일을 도움	
	대화	
	오락과 취미생활의 동반자	
	성적 만족감	
	재정적인 부양	

당신의 답변을 그룹원들과 나누십시오. 그리고 이번 과의 마지막에 있는 저자의 연구 결과와 자신의 답변이 어떻게 다른지 찾아보십시오.

7. 에베소서 5장 33절을 읽으십시오. 당신이 남편을 남자로 존중하고 있음을 보여줄 수 있는 실제적인 방법들은 무엇입니까?

> "그러나 너희도 각각 자기의 아내 사랑하기를 자신 같이 하고 아내도 자기 남편을 존경하라"
> (에베소서 5:23)

8. 빌립보서 2장 3-4절을 읽으십시오. 만족한 성생활을 위해 서로 배려하는 태도가 필요한 이유는 무엇입니까? 부부의 성생활에서 이기심을 벗어버리기 위해 당신은 어떤 일을 했습니까?

> "아무 일에든지 다툼이나 허영으로 하지 말고 오직 겸손한 마음으로 각각 자기보다 남을 낫게 여기고 각각 자기 일을 돌볼뿐더러 또한 각각 다른 사람들의 일을 돌보아 나의 기쁨을 충만하게 하라"(빌립보서 2:3-4)

*부부의 성적 친밀감을 위해서는 자신이 먼저 만족하려는
이기심을 버리고 배우자의 필요에 초점을 맞춰야 한다.*

9. 결혼생활에서 연애감정을 계속 유지하기 위해 당신이나 혹은 다른 사람이 알아낸 창조적인 아이디어 한 가지를 그룹원들에게 소개해 주십시오. (다른 그룹원들의 아이디어를 적어두는 것도 좋습니다.)

6번 질문의 답

책의 저자 할리가 자신의 책에서 말한 남편들이 가장 필요로 하는 다섯 가지는 다음과 같다.

(1) 성적 만족감
(2) 오락과 취미생활의 동반자
(3) 매력적인 배우자
(4) 집안일을 도움
(5) 존경심

아내들이 가장 필요로 하는 다섯 가지는 다음과 같다.

(1) 애정
(2) 대화
(3) 정직과 솔직함
(4) 재정적인 부양
(5) 가족에 대한 헌신

부부 데이트

다음 모임 전까지 배우자와 함께 홈빌더 과제를 나누기 위한 데이트 시간을 정하십시오. 이 과제를 통해 깨달은 것이나 경험한 것 한 가지를 다음 시간에 나눌 것입니다.

날짜   시간

장소

홈빌더 과제

혼자 하는 과제

다음의 질문에 답하세요.
1. 당신의 답변에 대한 점수에는 O로 표시하고, 배우자가 고를 것이라고 생각하는 점수에는 X표로 표시하세요.

	높음				낮음
우리 부부는 성관계 전에 충분히 서로를 즐긴다.	1	2	3	4	5
성관계에 대해 긍정적인 기대감이 있다.	1	2	3	4	5
성관계에 대해 함께 결정한다.	1	2	3	4	5
성관계를 가지는 동안 충분히 의사소통을 한다(예. 자신의 느낌, 욕망 등)	1	2	3	4	5
신체적인 친밀감을 자주 표현한다.	1	2	3	4	5
부드럽고 다정하게 성행위를 한다.	1	2	3	4	5
함께 다양한 성경험을 추구한다.	1	2	3	4	5
성에 있어 서로를 잘 이해한다.	1	2	3	4	5

2. 고린도전서 7장 3-5절을 읽으십시오. 당신은 배우자에게 온전히 자신의 몸을 맡길 수 있습니까? 그렇지 않다면 그 이유는 무엇입니까?

"남편은 그 아내에 대한 의무를 다하고 아내도 그 남편에게 그렇게 할지라 아내는 자기 몸을 주장하지 못하고 오직 그 남편이 하며 남편도 그와 같이 자기 몸을 주장하지 못하고 오직 그 아내가 하나니 서로 분방하지 말라 다만 기도할 틈을 얻기 위하여 합의상 얼마 동안은 하되 다시 합하라 이는 너희가 절제 못함으로 말미암아 사탄이 너희를 시험하지 못하게 하려 함이라"
(고린도전서 7:3-5)

3. 당신이 자신이나 배우자의 몸에 대해 어떤 잘못된 태도를 가지고 있다면 적어 보십시오. 아가서 5:1-16, 7:1-9를 참고하십시오.

홈빌더 과제

4. 다음 문장을 완성하였다가 나중에 배우자와 나누어 보십시오.

   • 우리가 서로의 몸을 사랑할 때, 나는 당신이 _____ 해주면 좋겠어요.

   • 나는 당신이 _____ 할 때 실망이 됩니다.

5. 당신 부부의 성관계에서 두 사람 중 어느 한 사람 또는 두 사람 모두가 어떤 스트레스를 느끼고 있다면, 그 스트레스를 줄일 수 있는 방법 한 두 가지를 적어보십시오.

6. 혹시 당신은 성관계에 대해 배우자에게 어떤 원망을 느끼고 있지는 않은지 하나님 앞에서 자신을 돌아보십시오. 요한일서 1장 9절을 읽고 배우자를 향해 그동안 쌓아 놓았던 어떤 분노나 화가 있다면 고백하십시오.

"만일 우리가 우리 죄를 자백하면 그는 미쁘시고 의로우사 우리 죄를 사하시며 우리를 모든 불의에서 깨끗하게 하실 것이요"(요한일서 1:9)

홈빌더 과제

부부가 함께하는 과제

1. '혼자 하는 과제'의 질문에 대한 답을 부부가 함께 나누십시오.

2. 부부의 성관계를 개선할 수 있는 세 가지를 함께 생각하여 정해보십시오.

3. 다음 달의 하루를 잡아서 하루 종일 두 사람만을 위해 의사소통하고 친밀감을 높이는 특별한 시간을 가져보십시오.

4. 함께 기도하며 서로의 성적 필요를 위해 배우자를 주신 하나님께 감사하십시오. 더 잘 표현하고 상대방을 이해하도록 의사소통의 기술과 친밀감을 높이겠다는 약속을 서로에게 하십시오.

달력에 '부부 데이트'를 위한 날을 표시해두고 잊지 않도록 하십시오.

6과
도덕적 기준이 달라서 주는 스트레스

두 사람이 함께 성경적이고 실제적인 삶의 도덕적 기준을 정하십시오. 그것이 건강한 결혼생활을 이루는 주된 요소가 됩니다.

부부데이트 나눔
5과의 부부데이트 홈빌더 과제를 하면서 배운 것 중 하나를 나누어 주세요.

마음 열기

1. 한 선교사 부부가 아프리카 원시부족에서 20년 동안의 선교 사역을 마치고 오늘 한국으로 되돌아왔다고 생각해봅시다. 드디어 고국에 도착한 그들이 발견하게 될 눈에 띄는 도덕적인 변화가 있다면 무엇일까요?

2. 오늘날 그리스도인들 사이에서 쉽게 발견 할 수 있는 도덕성의 변화는 무엇입니까?

3. 당신은 그 변화들의 원인이 무엇이라고 생각합니까?

 청사진

도덕적 이중성에 빠져들다

지금 이 세상은 가치판단의 기준이 자꾸 바뀌고 사람들은 그것을 쉽게 따라갑니다. 한때 한 사람의 삶의 질과 그 사람의 성품을 규정했던 도덕적 절대성이 지금은 지나가는 유행이나 마찬가지로 얕고 쉽게 변하는 가치로 대체되고 있습니다.

쉽게 변하는 피상적인 도덕적 기초 위에 세워진 결혼은 당연히 시작부터 문제를 안고 있습니다. 그러나 성경적인 믿음을 가지고 그것을 강한 도덕적 소신으로 바꾸어 실천하며 사는 부부들은 크고 작은 스트레스에서 탈출할 수 있습니다. 그런 부부는 혼란이 아닌 자유, 갈등과 고통이 아닌 안정과 일치감을 맛볼 것입니다.

1. 특정한 도덕적 이슈에서 그리스도인으로서 당신의 가치관을 바꾸어야 한다는 압박을 받는 것은 무엇입니까?

2. 사사기의 마지막 말씀(21장 25절)을 보십시오. "사람이 각기 자기의 소견에 옳은 대로 행하였더라." 이 말씀이 현재 우리가 살아가고 있는 사회와 어떤 연관이 있습니까?

> "그 때에 이스라엘에 왕이 없으므로 사람이 각기 자기의 소견에 옳은 대로 행하였더라"
> (사사기 21:25)

홈빌더 원리

결혼생활에서의 자유는 무엇이 옳은 것인지를 우리가 판단하는 것에서 오는 것이 아니다. 이미 하나님이 말씀에서 정해 놓으신 옳은 것을 우리가 받아들일 때에 자유를 누리게 된다.

도덕성과 결혼생활

3. 부부가 가정에서 실제적인 도덕적 기준을 세운다고 할 때, 구체적으로 어떤 영역에서 도덕적 기준이 필요할 수 있을까요? 함께 생각한 것들을 모아서 목록을 만들어보십시오. (예: 옷차림, 미디어 시청, 음주)

4. 부부가 그런 기준을 세우기 힘들게 하는 원인이 있다면 그것은 무엇입니까?

5. 결혼생활은 언제나 변할 수 있습니다. 건강하다가 갑자기 건강을 잃을 수도 있고, 두 사람의 관계가 좋았다가 서로 단절될 수도 있습니다. 도덕적 경계를 소신 있게 정하지 못하는 부부는 이러한 결혼생활에서 어떠한 어려움이 생길 수 있을까요?

6. 세상의 부도덕성을 따라가지 않기 위해 당신이 자신의 인생에서 그리고 결혼생활에서 행했던 일들은 어떤 것들이 있습니까?

도덕적 경계를 세우기 위해 고려할 것들

도덕적 문제를 고려할 때에는 하나님의 말씀이 언제나 그 출발선이 되어야 합니다. 어떤 분야에서 성경은 구체적이고 명확한 도덕적 선을 그어줍니다. 예를 들어 성적인 부분의 도덕성은 옳고 그름이 분명하게 성경에 언급되어 있습니다. 그러나 성경에는 부부가 일상생활에서 부딪히는 여러 문제들, 예컨대 돈의 사용, 부채, 일, 결혼생활, 술, 우리가 보는 영화나 TV, 부부와 자녀들과의 시간에 관해서 구체적으로 명시되어 있지 않습니다. 그럼에도 그런 것들은 어느 가정에서나 심사숙고하며 다루어야 할 도덕성과 관련되어 있습니다.

우리는 이런 문제를 성경을 기초로 깊이 생각하여 우리 자신의 기준을 만들기 위한 시간과 노력을 아끼지 말아야 합니다. 다른 사람의 기준을 검증하지 않은 채로 그대로 받아들이는 허약한 도덕적 경계는 스트레스를 받으면 곧 무너지고 말 것입니다.

7. 디도서 2장 9-14절을 읽으십시오. 12절에 있는 "신중함과 의로움과 경건함으로 이 세상에 살고"라는 말씀은 무슨 뜻이라고 생각하십니까?

"종들은 자기 상전들에게 범사에 순종하여 기쁘게 하고 거슬러 말하지 말며 훔치지 말고 오히려 모든 참된 신실성을 나타내게 하라 이는 범사에 우리 구주 하나님의 교훈을 빛나게 하려 함이라 모든 사람에게 구원을 주시는 하나님의 은혜가 나타나 우리를 양육하시되 경건하지 않은 것과 이 세상 정욕을 다 버리고 신중함과 의로움과 경건함으로 이 세상에 살고 복스러운 소망과 우리의 크신 하나님 구주 예수 그리스도의 영광이 나타나심을 기다리게 하셨으니 그가 우리를 대신하여 자신을 주심은 모든 불법에서 우리를 속량하시고 우리를 깨끗하게 하사 선한 일을 열심히 하는 자기 백성이 되게 하려 하심이라"(디도서 2:9-14)

8. 12절 말씀은 결혼생활에서 도덕적 소신을 세우는 지침이 됩니다. 부부가 도덕적 기준을 세울 때는 다음 세 가지가 있어야 합니다.

- 선하고 실제적이어야 한다.
- 모든 사람에게 공정하고 적합해야 한다.
- 하나님이 기뻐하시고 말씀에 기초해야 한다.

다음 상황 중의 하나를 선택하여 위의 지침들을 참고해 도덕성을 평가해 보십시오.

- 주말 없이 매일 10시간 이상 지속적으로 일하는 남편이나 아내

- 의심스러운 온라인 채팅이나 인터넷에서 포르노를 보는 배우자

- 분에 넘치는 수준의 생활을 하거나 신용카드 부채가 많은 부부

- 갖가지 비도덕적이고 외설적인 언어를 사용하는 TV 프로그램이나 영화를 관람하는 부부

Note

어떤 부부들은 다른 사람들이 강요하는 기준을 따릅니다. 그렇게 되면 스트레스를 피하려고 아예 도덕적 기준에 대한 질문 자체를 회피하게 되기도 합니다.

이번 시간에는 다른 외부의 기준을 당신에게 강요하려는 것이 아니라 스스로 위에서 설명한 성경의 기초 안에서 도덕적 지침을 세워나가도록 격려하기 위함입니다.

9. 로마서 14장 19절, 21-22절을 읽으십시오. 우리가 도덕적 지침을 세울 때 더 고려해야할 것은 또 무엇이 있을까요? 당신은 이 원칙을 어떤 상황에서 적용할 수 있다고 생각합니까?

"그러므로 우리가 화평의 일과 서로 덕을 세우는 일을 힘쓰나니"(로마서 14:19)

"고기도 먹지 아니하고 포도주도 마시지 아니하고 무엇이든지 네 형제로 거리끼게 하는 일을 아니함이 아름다우니라 네게 있는 믿음을 하나님 앞에서 스스로 가지고 있으라 자기가 옳다 하는 바로 자기를 정죄하지 아니하는 자는 복이 있도다"(로마서 14:21-22)

홈빌더 원리

당신의 신앙은 실제 삶 속에서 증명되어야 한다.

부부 데이트

마지막 홈빌더 과제를 수행하기 위해 부부데이트 시간을 정하십시오.

날짜   시간

장소

홈빌더 과제

혼자 하는 과제

다음의 질문에 답하십시오.

1. 결혼생활에서 당신이 도덕적인 결단력 부족으로 생긴 스트레스가 있다면 그것은 어떤 것입니까?

2. 다음의 영역에서 당신이 세워둔 지침들은 얼마나 만족스럽습니까?(당신이 중요하다고 느끼는 것들을 목록에 추가하세요.) 당신의 느낌을 1-5까지 점수를 매겨보세요. 1은 "불명확한, 편치 못한, 불안한"이며 5는 "분명한, 자신 있는, 안정된"입니다.

_____ 환경보호	_____ 공금 지출내역서
_____ 포르노	_____ 오락의 종류
_____ 술	_____ 옷
_____ 세금 납부	_____ 성적 자유
_____ TV/유선방송	_____ 간음
_____ 먹거리	_____ 도박
_____ 허풍	_____ 낙태
_____ 거짓말	_____ 빚
_____ 약물	_____ 이혼
_____ 결혼생활에서의 내 역할	_____ 우상숭배

_____ 교회 출석 _____ 친구들
_____ 사역 참여와 결혼생활 _____ 결혼생활에서 배우자의 역할
_____ 교회 봉사 _____ 사용 언어
_____ 기타 :

3. 어떤 부부는 한 사람이 상대방 배우자가 세운 도덕적 경계를 존중하지 않고 잔소리를 하거나 무시하기 때문에 그 배우자를 화나게 합니다. 당신의 결혼생활에서도 이런 일이 있다면 그것은 무엇입니까?

홈빌더 과제

부부가 함께 하는 과제

1. 에베소서 4장 29-32절을 함께 읽으십시오.

   "무릇 더러운 말은 너희 입 밖에도 내지 말고 오직 덕을 세우는 데 소용되는 대로 선한 말을 하여 듣는 자들에게 은혜를 끼치게 하라 하나님의 성령을 근심하게 하지 말라 그 안에서 너희가 구원의 날까지 인치심을 받았느니라 너희는 모든 악독과 노함과 분냄과 떠드는 것과 비방하는 것을 모든 악의와 함께 버리고 서로 친절하게 하며 불쌍히 여기며 서로 용서하기를 하나님이 그리스도 안에서 너희를 용서하심과 같이 하라"(에베소서 4:29-32)

2. 각자가 '혼자 하는 과제' 질문 2번에서 완성했던 목록을 다시 보십시오. 부부가 함께 지침을 세워야 할 영역은 무엇입니까? 그리고 그 지침은 어떤 것이어야 한다고 생각합니까?

3. 당신과 배우자와 가장 크게 의견이 엇갈리는 지점이 있다면 어떤 것입니까? 두 사람의 의견의 차이를 토론해보고 해결책과 하나됨을 찾아보십시오. 기억할 것은, 두 사람이 반드시 동의를 해야만 함께 잘 지낼 수 있다는 것입니다.

4 '혼자 하는 과제' 질문 3에 대한 당신의 생각을 배우자와 나누십시오. 서로를 존중하여야 함을 기억하면서(로마서 12:10), 갈등이 존재한다면 그것을 해결하기를 구하십시오.

"형제를 사랑하여 서로 우애하고 존경하기를 서로 먼저 하며"(로마서 12:10)

5. 당신이 이 홈빌더 과정을 참여하면서 가장 도움이 되었던 부분은 무엇입니까?

6. 지금까지 부부로 함께 한 시간에 대해 하나님께 감사하며 기도로 마치십시오.

달력에 '부부 데이트'를 위한 날을 표시해두고 잊지 않도록 하십시오.

이제 어떻게 할 것인가?

우리는 당신이 홈빌더 부부 시리즈를 통해 배우자와 함께 자신의 삶을 예수 그리스도에게 헌신하면서 그분의 청사진에 따라 계속해서 성장하기를 바랍니다. 또한 당신이 섬기는 교회와 지역 공동체의 다른 부부들도 마찬가지로 부부관계가 견고히 서가도록 도움을 주기 바랍니다. 지금 당신의 영향력이 필요합니다.
이 점에서 아주 잘 맞는 예화가 하나 있습니다.

2차 세계대전 중이었던 1940년, 프랑스 군은 히틀러의 침공으로 무너지고 말았고, 네덜란드는 나치의 기세에 눌려 힘없이 백기를 들고 말았다. 벨기에도 항복했고, 영국군은 뒹케르크(Dunkirk) 해협 안에 있는 프랑스 해안에 갇히고 말았다.
220,000명이나 되는 영국의 아름다운 청년들이 영국 해협을 그들의 붉은 피로 물들이며 죽을 운명에 처해 있었다. 프랑스 해안에서 겨우 몇 마일 떨어져 있던 독일 총통의 군대도 그들이 사실 얼마나 승리에 가까이 와있는지는 미처 모르고 있었다. 남아있는 시간에 구조를 요청하는 시도는 헛되어 보였다. 한 영국 해군(전문가들)은 조지 6세에게 자신들이 기껏해야 17,000명 정도나 구할 수 있을 것이라고 보고했다. 서민원(영국 하원)에게는 '비극적인 소식'에 대한 마음의 준비를 하라는 경고가 주어졌다.
정치인들은 두려움에 얼어붙었고, 왕은 무력했다. 게다가 우방국들은 멀리서 구경꾼으로 지켜볼 수밖에 없었다. 영국군의 불행한 최후가 임박한 듯이 보였을 그때, 낯선 함대가 영국 해협의 수평선 위에 나타났다. 아마 역사상 가장 형편없는 함대였을 것이다. 저인망어선, 예인선, 평저선, 어선, 구명보트, 낚싯배, 소형 어선, 연안 연락선, 범선, 심지어 런던의 소방 선박들까지 그렇게 모여든 배들에 타고 있는 군인들은 주로 민간 자원병들로, 지쳐 피를 흘리고 있는 아들들을 구하러 온 영국의 아버지들이었다.

윌리엄 맨체스터는 1940년 됭케르크에서 있었던 일은 마치 기적과도 같았다고 그의 서사적 소설, 『마지막 사자』(The Last Lion)에서 썼다. 그리고 정말 기적처럼 영국군뿐만 아니라 118,000명의 다른 연합군들도 모두 구출되었다.

오늘날 그리스도인의 가정이 바로 됭케르크에 있는 그 군인들과 흡사합니다. 많은 문제와 어려움 속에서 옴짝달싹하지 못하며 사기가 꺾여 누군가의 도움이 절실히 필요합니다. 그리스도인 공동체는 영국군대와 같은 처지일지도 모르겠습니다. 어떤 전문가들이 와서 자신의 가족을 구해주길 기다리고 있는 것처럼 보입니다. 하지만 문제는 전문가들만이 나서서 해결하기에는 너무 거대합니다.

그 지치고 상처 입은 가정을 구하기 위해서는 모든 사람들이 '항해'에 나서야 하는 전면적인 도움을 필요로 합니다. 능력의 하나님을 믿는 신앙을 가진 평범한 부부가 펼칠 도움의 손길이 필요합니다. 교회 안에 있는 부부는 너무나 오랫동안 다른 사람에게 영향을 주는 특권과 책임에 있어 전임 사역자의 사역에 기대어왔습니다. 이제 우리는 당신이 자신의 삶을 다른 사람에게 투자하기를, 그리하여 구조 작업에 동참하기를 독려합니다. 당신과 함께 세계 여러 곳의 부부들은 팀을 이루어 수천 쌍의 부부들과 그 가정을 세우고, 뿐만 아니라 자신의 부부관계와 가정도 계속해서 성장할 수 있습니다.

홈빌더가 되십시오

오늘 당신이 가정 안에서 변화를 가져올 수 있는 몇 가지 실질적인 방법들이 여기 있습니다.

- 3-5쌍의 부부 모임을 조직하여 그들이 이 홈빌더 시리즈를 함께할 수 있도록 인도한다. 교회나 이웃의 다른 부부들이 또 다른 홈빌더 모임을 만들 수 있도록 격려한다.

- 홈빌더 부부 시리즈의 다른 교재로 홈빌더 모임을 지속하고 계속적으로 성장한다.
- 이웃을 가정에 초대하여 식사를 하면서 부부의 신앙을 나눈다. 상황이 허락된다면, 선교를 위한 교재의 하나로 기독교 영화를 함께 볼 수 있다.
- cccFamilyLife를 비롯하여 가정사역을 하는 단체를 통해 훈련을 받고 자원봉사자로 섬길 수 있다.

우리의 문제에 대한 하나님의 답변

문제가 없는 부부는 없습니다. 의사소통의 문제거나 재정 문제이거나 성적인 친밀감의 어려움이거나, 모든 부부가 한두 가지의 문제는 다 가지고 있습니다. 부부의 사랑이 더욱 강해지도록 발전시키는 데에 중요한 것은 그런 문제들을 어떻게 다룰지를 배우는 것입니다.

큰 문제

하나의 기본적인 문제가 부부의 모든 다른 문제들의 중심에 있으며, 그것은 어떤 사람이 자신의 힘으로 다루기에는 너무 거대합니다. 그 문제는 바로 하나님과의 분리입니다. 자신의 인생과 결혼생활을 창조주의 설계대로 경험하고 싶다면, 당신을 창조하신 그 하나님과의 역동적인 관계가 필요합니다.

하지만 우리는 죄로 인해 하나님으로부터 떨어져 있습니다. 어떤 사람들은 더 나은 사람이 되기 위해 열심히 노력해서 죄의 문제를 해결하려 합니다. 그들은 화를 다스리는 방법에 관한 책을 읽거나, 탈세를 그만두겠다는 결심을 할 수도 있습니다.

하지만 마음속으로 그들은 알고 있습니다. 사실 우리 모두가 알지요. 죄의 문제는 나쁜 버릇 이상으로 뿌리가 깊게 박혀있으며, 그 버릇을 고쳐보려는 최선의 행위 그 이상의 노력이 필요하다는 것을 말입니다. 실제 우리는 하나님에게 반역하였습니다. 우리는 그분을 무시하였고 우리가 생각하기에 옳다고 생각하는 방식대로 살기로 했으며, 우리의 생각과 계획이 그분의 것보다 좋다고 여겼습니다.

"모든 사람이 죄를 범하였으매 하나님의 영광에 이르지 못하더니"(로마서 3:23).

"하나님의 영광에 이르지 못하더니"가 무슨 뜻일까요? 그것은 우리 중 그 어느 누구도 우리가 해야 할 마땅한 방식으로 하나님을 신뢰하고 귀히 여기지 않았다는 뜻입니다. 우리는 다른 것들로 자신을 만족시키려 했으며 그것들을 하나님보다 더 귀중하게 여겼습니다. 나 자신의 방식대로 살았습니다. 성경에 따르면, 우리는 우리 죄에 대한 값을 지불해야 마땅합니다. 하지만 우리가 선택한 방법대로는 하나님의 선한 목적을 이룰 수 없고 그저 하나님도 눈감아주실 것이라 바랄 뿐입니다. 자신의 계획을 따른다면 파멸로 이르게 됩니다.

"어떤 길은 사람이 보기에 바르나 필경은 사망의 길이니라"(잠언 14:12).

"죄의 삯은 사망이요"(로마서 6:23).

우리는 하나님의 사랑에서 분리되는 죗값을 치르게 됩니다. 하나님은 거룩하시고, 우리는 죄로 가득합니다. 아무리 노력해도 우리는 선한 삶을 산다거나 성경 말씀대로 행할 방법을 알지 못한 채, 그 죗값을 회피할 수 있기만을 바라고 있습니다.

죄에 대한 하나님의 해결책

감사하게도 하나님은 우리의 딜레마를 해결할 방법을 가지고 계십니다. 그분은 그의 아들 예수 그리스도를 이 땅에 사람으로 보내셨습니다. 예수님은 하나님의 계획에 완벽하게 순종하여 거룩한 삶을 사셨습니다. 예수님은 또 우리의 죄에 대한 값을 치르기 위해 십자가에서 죽는 삶을 기꺼이 선택하셨습니다. 예수님은 죽은 자 가운데서 부활하셔서 자신이 죄나 사망보다 더 능력 있으신 분임을 증명하셨습니다. 단 한 분 예수님만이 우리 죄에 대한 값을 뛰어넘는 힘을 가지고 있습니다.

"예수께서 이르시되 내가 곧 길이요 진리요 생명이니 나로 말미암지 않고는 아버지께로 올 자가 없느니라"(요한복음 14:6).

"우리가 아직 죄인 되었을 때에 그리스도께서 우리를 위하여 죽으심으로 하나님께서 우리에 대한 자기의 사랑을 확증하셨느니라"(로마서 5:8).

"죄의 삯은 사망이요 하나님의 은사는 그리스도 예수 우리 주 안에 있는 영생이니라"(로마서 6:23).

예수님의 죽으심과 다시 사심으로 우리 죄의 문제는 해결되었습니다. 그분은 하나님과 우리 사이에 벌어진 간격에 다리가 되어주셨습니다. 그분은 우리가 그분에게로 오도록 그리고 우리의 생명을 위해 불완전한 우리의 계획은 포기하라고 요청하고 계십니다. 그분은 우리가 그분을 신뢰하고 그분의 계획을 따르기를 원하십니다.

하나님의 해결책을 받아들이십시오

만약 당신이 하나님으로부터 분리되어있다는 사실을 깨달았다면, 하나님께서 당신이 자기 죄를 고백하도록 부르시는 것입니다. 우리 모두는 그분의 것이 아닌 우리의 생각과 계획을 고집스럽게 더 좋아했기 때문에 우리 인생을 엉망으로 만든 것입니다. 그 결과 우리는 하나님의 사랑과 보호로부터 떨어지게 되어도 마땅하게 되었던 것입니다. 하지만 하나님은 우리가 그분의 계획에 반역하였다는 사실을 인정하기만 한다면, 우리를 용서하시고 우리의 죄 문제를 고쳐주시겠다고 약속하셨습니다.

"영접하는 자 곧 그 이름을 믿는 자들에게는 하나님의 자녀가 되는 권세를 주셨으니"(요한복음 1:12).

"너희는 그 은혜에 의하여 믿음으로 말미암아 구원을 받았으니 이것은 너희에게서 난 것이 아니요 하나님의 선물이라 행위에서 난 것이 아니니 이는 누구든지 자랑하지 못하게 함이라"(에베소서 2:8-9).

성경에 나오는 그리스도를 영접한다는 말씀의 뜻은 우리가 자신이 죄인임을, 그리고 혼자 힘으로는 그 문제를 해결할 수 없음을 인정한다는 것입니다. 그것은 우리가 자신의 죄에서 돌아선다는 의미이며, 그리스도께서 우리 죄를 용서하시고 우리를 그분이 원하시는 사람으로 만들어주실 것을 믿는다는 의미입니다. 그리스도가 하나님의 아들임을 머리로 이해하는 것으로는 충분치 않습니다. 그분을 신뢰하고, 믿음으로 우리 인생에 대한 그분의 계획을 신뢰해야 합니다.

당신과 하나님의 관계는 올바르게 되어있습니까? 당신은 삶의 중심에 그분 그리고 그분의 계획을 가지고 있습니까? 혹시 자신의 방식을 찾다가 인생이 엇나가고 있지는 않습니까?

그동안 자신의 방식대로 노력해왔다 하더라도, 오늘 당신은 바꾸겠다고 결심할 수 있습니다. 그리스도께로 돌아가 그분이 당신의 인생을 변화시키도록 맡겨드릴 수 있습니다. 당신은 그저 그분에게 머리와 마음에서 일어나고 있는 것들을 말하면 됩니다. 한 번도 그렇게 해본 적이 없다면, 여기 아래에 적힌 단계를 그대로 따라 해 보십시오.

- 당신은 자신에게 하나님이 필요하다는 사실에 동의합니까? 그렇다면 하나님께 그렇다고 말씀드리십시오.
- 자기 자신의 계획대로 살다가 삶이 엉키게 되었습니까? 그렇다면 하나님께 그렇다고 말씀드리십시오.
- 하나님이 당신을 용서하시길 원하십니까? 그렇다면 하나님께 그렇다고 말씀드리십시오.
- 예수님이 십자가에서 죽으시고 죽은 자 가운데서 부활하셨기 때문에 당신의 죄 문제를 해결하시고 당신에게 영생이라는 선물을 그저 주실 권세가 그분에게 있다는 사실을 믿습니까? 그렇다면 하나님께 그렇다고 말씀드리십시오.
- 인생을 향한 하나님의 계획이 당신이 생각해낸 어떤 계획보다 더 탁월하다는 사실을 인정할 준비가 되었습니까? 그렇다면 하나님께 그렇다고 말씀드리십시오.
- 하나님이 당신 인생의 주인이 되실 권리를 갖고 계심에 동의합니까? 그렇다면 하나님께 그렇다고 말씀드리십시오.

"너희는 여호와를 만날 만한 때에 찾으라 가까이 계실 때에 그를 부르라"(이사야 55:6).

이제 이렇게 기도하십시오.

주 예수님, 나는 당신이 필요합니다. 십자가에서 죽으심으로 내 죄를 대속하여주셔서 감사합니다. 나는 당신을 나의 구주로 받아들입니다. 나의 죄를 용서하시고 영생을 주시니 감사합니다. 나를 주님이 원하시는 사람으로 만들어주세요.

그리스도인의 삶

그리스도의 제자(그리스도인)에게 죗값은 이미 완전히 지불되었습니다. 하지만 죄의 영향력은 우리 인생 내내 지속됩니다.

"만일 우리가 죄가 없다고 말하면 스스로 속이고 또 진리가 우리 속에 있지 아니할 것이요"(요한일서 1:8).

"내가 원하는 바 선은 행하지 아니하고 도리어 원하지 아니하는 바 악을 행하는도다"(로마서 7:19).

죄의 영향은 가정에서도 이어집니다. 그리스도인 부부가 아무리 하나님을 경외하는 견고한 부부관계를 유지하려고 노력한다 해도 그렇습니다. 대부분 부부들은 결국에는 자신들의 힘으로는 되지 않는다는 것을 깨닫습니다. 하지만 하나님의 도우심이 있으면 성공할 수 있습니다.
더 많은 것들을 알고 싶다면, kccc.org 또는 cccfamilylife.org에서 더 많은 다른 자료를 찾아보십시오.

MEMO

 cccFamilyLife 홈빌더 전략

cccFamilyLife는 1993년 시작되어 성경적 결혼과 가정문화를 세우기 위하여 다양한 세미나와 홈빌더 모임을 확산해가고 있습니다. 가정 사역에서 일회성 세미나가 가지고 있는 부족한 부분을 보완하기 위해 부부 성경공부 교재인 '홈빌더 시리즈'를 개발하여 부부들이 지속적으로 함께 공부하고 그것을 결혼생활과 자녀양육에 적용할 수 있도록 하는 '홈빌더 전략'을 실행하고 있습니다.

Homebuilder

홈빌더
결혼에 대한 성경적 청사진을 자신과 다른 가정에 적용하는 사람들

홈빌더 전략의 특징
- 결혼생활의 지속적인 육성이 가능한 교재와 전략을 가지고 있음
- 부부들이 실제적인 필요를 구체적으로 적용하게 함
- 효과적인 육성과 전도의 통로가 되어 교회 성장을 도움
- 교회나 소그룹에서 쉽게 활용할 수 있음

홈빌더의 장점
시작하기 쉽다. 성취하기 쉽다. 전수하기 쉽다. 관리하기 쉽다.

홈빌더 전략

홈빌더 순
- 부부의 친밀함 성장
- 부부가 서로 지지하고 격려받을 수 있는 기회
- 자녀 양육의 지혜를 배움
- 다른 부부와의 교제 및 전도의 기회

세미나
- 데이팅세미나
- 결혼예비학교
- 부부 세미나
- 자녀 양육 세미나

Direction
홈빌더를 통한 지상명령 성취
"가정마다 홈빌더를 세워 그리스도의 계절이 오게 하자."

서울시 종로구 부암동 36-1 cccFamilyLife
Tel : 02-397-6384   www.cccfamilylife.org   www.facebook.com / cccfamilylife